Coleção
Reflexões Jurídicas

Coordenadores
Luís Greco
Adriano Teixeira

INGEBORG PUPPE

ESTUDOS SOBRE IMPUTAÇÃO OBJETIVA E SUBJETIVA NO DIREITO PENAL

Organização

BEATRIZ CORRÊA CAMARGO
WAGNER MARTELETO FILHO

Tradução

LUÍS GRECO
BEATRIZ CORRÊA CAMARGO
WAGNER MARTELETO FILHO
LUIZ HENRIQUE CARVALHEIRO ROSSETTO

Marcial Pons

MADRI | BARCELONA | BUENOS AIRES | SÃO PAULO

Coleção Reflexões Jurídicas
Coordenadores
Luís Greco
Adriano Teixeira

Estudos sobre imputação objetiva e subjetiva no direito penal
Ingeborg Puppe

Organização
Beatriz Corrêa Camargo / Wagner Marteleto Filho

Tradução
Luís Greco / Beatriz Corrêa Camargo / Wagner Marteleto Filho / Luiz Henrique Carvalheiro Rossetto

Produção e Editoração eletrônica
Ida Gouveia / HBLYZ / Oficina das Letras®

CIP-Brasil. Catalogação na Publicação

Puppe, Ingeborg
Estudos sobre imputação objetiva e subjetiva no direito penal / Ingeborg Puppe; organização: Beatriz Corrêa Camargo e Wagner Marteleto Filho; tradução: Luís Greco, Beatriz Corrêa Camargo, Wagner Marteleto Filho e Luiz Henrique Carvalheiro Rossetto. - 1. ed. - São Paulo: Marcial Pons, 2019.

ISBN 9788566722734

1. Direito Penal. 2. Criminologia. I. Puppe, Ingeborg. II. Título. III. Série.

CDU:345

Impresso no Brasil

Referências dos originais

A imputação objetiva do resultado a uma ação contrária ao dever de cuidado

Original: Die objektive Zurechnung des Erfolges zu einer sorgfaltswidrigen Handlung. Manuscrito original em alemão – Trad. Beatriz Corrêa Camargo.

A causação por meio do impedimento de cursos salvadores e da omissão

Original: Verursachen durch Verhinderung rettender Kausalverläufe und durch Unterlassen. Versão expandida do artigo publicado na Zeitschrift für Internationale Strafrechtsdogmatik, vol. 11, 2018 – Trad. Luiz Henrique Carvalheiro Rossetto. Revisão técnica de Wagner Marteleto Filho e Beatriz Corrêa Camargo.

O dolo eventual e a sua prova

Original: "Der dolus eventualis und sein Beweis". Manuscrito original em alemão – Trad. Wagner Marteleto Filho e Beatriz Corrêa Camargo.

Concepções acerca do conceito de dolo eventual

Original: Begriffskonzeptionen des dolus eventualis. Artigo publicado originalmente em Goltdammer's Archiv für Strafrecht, 2006, pp. 65-79 – Trad. Wagner Marteleto Filho e Beatriz Corrêa Camargo.

Dolo, curso causal, imputação

Original: Vorsatz, Kausalverlauf und Zurechnung. Manuscrito original em alemão, publicado em português na obra: Costa Andrade/Antunes/Aires de Sousa (coords.). *Estudos em Homenagem ao Prof. Dr. Jorge de Figueiredo Dias*, tomo II. Coimbra: Coimbra Editora, 2010 – Trad. Luís Greco.

Autora e Organizadores/Tradutores

Profa. Dra. Ingeborg Puppe
Professora de Direito Penal, Direito Processual Penal e Teoria do Direito Penal da Universidade de Bonn, na Alemanha. Doutorou-se na Faculdade de Direito da Universidade de Heidelberg, Alemanha, com a tese "A falsificação de registros técnicos", orientada pelo Prof. Dr. Wilhelm Gallas. Obteve sua Livre-Docência pela mesma instituição, com o trabalho intitulado "Concurso formal e delitos individuais". É autora de numerosos artigos e livros sobre dogmática penal e filosofia do direito, muitos traduzidos para o português, espanhol, polonês, grego, japonês, chinês e inglês.

Prof. Dr. Luís Greco
Professor de Direito Penal, Direito Processual Penal, Direito Penal Estrangeiro e Teoria do Direito Penal da Universidade Humboldt, na Alemanha. Doutor e mestre em Direito Penal pela Universidade de Munique, Alemanha. Graduado em Direito pela Universidade Federal do Rio de Janeiro.

Profa. Dra. Beatriz Corrêa Camargo, LL.M. (Bonn)
Professora de Direito Penal e Direito Processual Penal da Universidade Federal de Uberlândia. Doutorou-se em Direito Penal pela Universidade de São Paulo, onde também se graduou em Direito. É Mestre em Direito Penal pela Universidade de Bonn, Alemanha. Realizou estágios de pesquisa pós-doutoral nas Universidades de Bonn e de São Paulo. Pesquisadora visitante na Universidade de Halle, Alemanha.

Me. Wagner Marteleto Filho
Professor do Curso de Especialização em Direito Penal da Pontifícia Universidade Católica em Uberlândia. Doutorando em Ciências Jurídico-Criminais na Universidade de Lisboa. Mestre em Direito Público pela Universidade Federal de Uberlândia. Graduou-se em Direito na Pontifícia Universi-

dade Católica de São Paulo. É promotor de justiça do Ministério Público de Minas Gerais. Investigador no Instituto Max-Planck de Direito Penal Internacional e Estrangeiro nos anos de 2014, 2015 e 2017.

Luiz Henrique Carvalheiro Rossetto
Mestrando em Direito Penal na Universidade de São Paulo. Graduou-se em Direito na Pontifícia Universidade Católica de São Paulo. Atualmente, participa do programa de pesquisador visitante da Faculdade de Direito da Universidade Pompeu Fabra. Advogado.

PREFÁCIO

Os dois primeiros artigos desta coletânea analisam problemas da imputação objetiva à luz da teoria da explicação causal, conhecida internacionalmente sob a designação da "condição-INUS" ou do "teste NESS". Seu ponto de partida é a concepção de que para a fundamentação da imputação objetiva, nos crimes comissivos e nos omissivos, não há que se indagar quais cursos causais teriam transcorrido se o autor não tivesse atuado de maneira contrária ao seu dever, ou ainda, caso ele tivesse obedecido seu dever de ação. Em realidade, a pergunta que deve ser posta diz respeito a saber se a ação efetiva do autor, com suas características contrárias ao dever, do mesmo modo como a omissão do agente, é necessária para a explicação do curso causal efetivamente ocorrido. O terceiro e o quarto artigo tratam do dolo, em especial, o dolo eventual. Este não se deixa compreender como uma atitude interna do autor, efetivamente existente no momento de ocorrência do resultado e favorável ao mesmo. No momento da ação, geralmente não se encontram tais coisas na mente do ofensor. O dolo somente pode ser determinado como uma atribuição justificada normativamente. Na medida em que ocorre por força de lei, tal atribuição deve respeitar regras gerais. O quinto artigo congrega as ideias presentes nos textos anteriores, a fim de se decidir a questão acerca de quais são as condições pelas quais um resultado pode ser imputado à ação dolosa de um agente, isto é, a ocorrência do resultado possa ser imputável como realização de seu dolo. Para decidir sobre essa questão, não se pode, como geralmente se faz, concentrar-se naquelas características do curso causal em relação às quais o curso desvia da representação do agente, devendo-se, ao contrário, olhar para as características que estão abarcadas por sua representação.

Devo agradecer sobretudo à Professora Camargo, que não apenas impulsionou este livro, como também realizou grande parte dos trabalhos de tradução. Meus agradecimentos se dirigem igualmente a Wagner Marteleto Filho, pela co-organização e tradução, e aos demais tradutores Professor Dr. Luís Greco e Luiz Henrique Carvalheiro Rossetto.

Visitei São Paulo por duas vezes e ali dei palestras em um congresso científico internacional e na Universidade de São Paulo. As discussões animadas e o entusiasmo científico dos jovens estudiosos do Direito Penal brasileiro causaram uma profunda impressão em mim.

Bonn, 27 de Junho de 2019.

INGEBORG PUPPE

APRESENTAÇÃO

O livro que o público brasileiro recebe em mãos é fruto de uma visita realizada pela Profa. Dra. Ingeborg Puppe ao Brasil no ano de 2018.

Conhecida no cenário nacional sobretudo em razão de seus escritos sobre o tema do dolo,[1] foi também este o mote de sua estadia na cidade de São Paulo, nas duas oportunidades em que ali esteve para participar como conferencista no Seminário Internacional de Ciências Criminais do IBCCrim.

A ideia de publicar um livro em português com artigos da Professora Puppe surgiu de um encontro dela com os organizadores, por esta ocasião. Em razão das pesquisas de Wagner Marteleto a respeito do conceito de dolo, não apenas nossas conversas com a autora giraram em torno de tema tão intrigante, como ficou claro para nós que o livro deveria ampliar a literatura da autora sobre o dolo disponível em português. Por sua importância e contribuição para o debate já iniciado no Brasil, Marteleto escolhe o artigo "Concepções acerca do conceito de dolo eventual", publicado originalmente no ano de 2006, na Revista *Goltdammer's Archiv für Strafrecht*. Com o intuito de oferecer uma visão atualizada sobre o tema, incluímos igualmente "O dolo eventual e sua prova", que consiste na versão elaborada da palestra de Ingeborg Puppe no Seminário Internacional de Ciências Criminais do IBCCrim, no ano de 2018. Na última década, Ingeborg

1. No Brasil, destaca-se a tradução feita por Luís Greco do livro *A distinção entre dolo e culpa* (Barueri: Manole, 2004), da autora.

Puppe realizou uma defesa "apaixonada", como já o afirmou Roxin, de um conceito de dolo centralizado no conhecimento de um risco qualificado, qual seja, do perigo doloso. Essa defesa é retomada nos artigos colacionados para esta obra, em suas linhas fundamentais, permitindo-se a compreensão de sua importante construção conceitual em um dos temais mais disputados da dogmática contemporânea.

Outros dois textos que completam esse conjunto se devem a uma palestra proferida pela Professora Puppe na Universidade de São Paulo, organizada pelo Departamento de Direito Penal, Medicina Forense e Criminologia, no mesmo período de 2018. Nesta casa, Ingeborg Puppe apresenta aos ouvintes um assunto que também a consagrou internacionalmente, embora ainda pouco discutido no Brasil. Trata-se de sua análise crítica em relação à visão da doutrina majoritária acerca da teoria da causalidade e da teoria da imputação objetiva. Sua palestra consistiu em uma versão simplificada do texto "A imputação objetiva do resultado a uma ação contrária ao dever de cuidado" agora publicado. Algumas das ideias e dos casos apresentados reproduzem parte da discussão realizada pela autora também em seu manual sobre a Parte Geral do Direito Penal.[2]

No debate que se seguiu à palestra de Puppe na Universidade de São Paulo, a leitura atenta e as indagações pertinentes de Luiz Rossetto levaram a Professora a compartilhar conosco a informação de que somente há pouco tempo encontrara uma solução que julgava realmente satisfatória para o problema da causalidade na omissão. Eis que nos confia junto ao pesquisador a tradução da versão atualizada e expandida de um artigo publicado recentemente por ela na *Zeitschrift für Internationale Strafrechtsdogmatik* a respeito da "causação decorrente do impedimento de cursos salvadores e da omissão".

Para concluir a composição, contamos ainda com o artigo "Dolo, curso causal, imputação", traduzido pelo Prof. Dr. Luís Greco, consagrado tradutor da autora para o português, a quem agradecemos a gentileza de disponibilizar-nos o trabalho. O texto completa um breve panorama da obra de Ingeborg Puppe sobre a imputação objetiva e subjetiva no Direito Penal, congregando ambos os tópicos no polê-

2. Trata-se do livro *Strafrecht Allgemeiner Teil im Spiegel der Rechtsprechung*, publicado pela Editora Nomos, que já se encontra na 4. edição (2019).

mico assunto do chamado "desvio do curso causal". Originalmente, foi publicado no Livro em Homenagem ao Professor Figueiredo Dias, em 2010.

Para nós, a organização deste livro é uma enorme satisfação. Primeiramente, porque evoca a memória afetiva de termos acompanhado já desde tantos anos a obra e a pessoa da Profa. Dra. Ingeborg Puppe. Do outro lado do oceano, o contato pessoal deu-se pela primeira vez quando Beatriz Camargo teve a oportunidade de ouvir as palestras da Professora Puppe no Seminário do Instituto de Direito Penal da Universidade de Bonn, bem como de participar do curso de Metodologia do Direito ofertado pela professora. No Brasil, por uma feliz coincidência, puderam Beatriz Camargo e Wagner Marteleto compartilhar de breves, mas significativos, momentos com a Professora Puppe, oportunidade em que, por interesse científico dos primeiros, e por absoluta generosidade da Autora, nasceu e já se consolidou a ideia da presente publicação.

Sobretudo, nos felicita a oportunidade de contribuir ao desenvolvimento da ciência jurídico-penal brasileira por meio destes trabalhos de tradução.

Os temas abordados pela Profa. Dra. Ingeborg Puppe, para muito além da atualidade, configuram matérias nucleares da dogmática clássica, sendo certo que a Autora, como de costume, apresenta soluções originais para problemas tradicionais com fundamentação lógica e rigorosa, qualidades que por certo fazem da Profa. Dra. Ingeborg Puppe um dos nomes mais importantes da dogmática penal internacional.

Uberlândia, inverno de 2019.

Os organizadores

SUMÁRIO

1

A IMPUTAÇÃO OBJETIVA DO RESULTADO A UMA AÇÃO CONTRÁRIA AO DEVER DE CUIDADO*

Na base de qualquer imputação de natureza objetiva encontra-se a relação causal entre a ação e o resultado. Qualquer outra exigência feita no plano da imputação objetiva constitui uma característica daquela relação causal. Uma ação é causal para um resultado se figurar como elemento necessário de uma condição suficiente e verdadeira do resultado de acordo com leis causais gerais. É possível haver múltiplas condições verdadeiras para o mesmo resultado (causalidade múltipla ou dupla). A explicação causal verdadeira do resultado não apenas tem que incluir a própria ação, mas também os aspectos ilícitos da ação como elementos necessários para a explicação (causalidade da lesão do dever de cuidado). Por fim, a norma que proíbe a ação deve ser adequada de modo geral para evitar que o processo causal conduza a um acidente (critério do fim de proteção da norma). Esse não será o caso se alguma modificação nas circunstâncias permitidas do caso singular tivesse por efeito que, não a violação da norma, mas precisamente a sua observância, tivesse produzido o acidente. Tais

* *Die objektive Zurechnung des Erfolges zu einer sorgfaltswidrigen Handlung*. Manuscrito original em alemão – Trad. Beatriz Corrêa Camargo.

problemas serão demonstrados e analisados com referência a decisões famosas do Superior Tribunal de Justiça da Alemanha (Bundesgerichtshof).

1. A causalidade entre a ação e o resultado como relação fundamental da imputação

1.1 O caso do paciente perigoso

A decisão BGHSt 49, 1 e ss., trata de dois médicos diretores de uma clínica psiquiátrica na qual se encontrava um paciente condenado por crimes sexuais e crimes de violência grave. Esse indivíduo já havia sido considerado pelos médicos diretores como um paciente extremamente perigoso e incapaz de ser tratado terapeuticamente, o qual, portanto, se encontrava ali por razões de segurança. Já duas vezes o paciente havia fugido da clínica, o que ele conseguiu fazer entortando as barras de uma janela fraca que se encontrava sob proteção de tombamento. Ambos os médicos, réus no processo, haviam permitido que o paciente saísse da clínica desacompanhado, ocasião que ele utilizou para matar duas senhoras de idade e praticar diversos crimes de estupro. O tribunal de primeira instância absolveu os dois médicos da acusação de homicídio culposo. Isso foi feito sob o argumento de que o paciente teria conseguido obter sua liberdade caso essa permissão de saída não tivesse lhe sido concedida. Por essa razão, faltaria, de todo modo, a causalidade do comportamento dos médicos para os crimes praticados por seu paciente. Com essa argumentação, o tribunal de primeira instância utilizou exatamente o método para determinação e constatação da causalidade que é propagado pela doutrina majoritária na Alemanha e também pelo Superior Tribunal de Justiça da Alemanha (*Bundesgerichtshof* ou BGH). De acordo com esse método, um comportamento apenas é causal para um resultado quando ele não puder ser suprimido sem que o resultado deixe de ocorrer,[1] ou, para expressar isso de uma maneira mais simples, quando esse comportamento seja uma condição necessária para a ocorrência desse resultado.

1. Cf., por todos, BGHSt 1, 332; 2, 24; 3, 69; 7, 114; 24, 34; 31, 98; 37, 106; OGH 1, 330 (367); 2, 286; OLG Stuttgart JZ 1980, 618; mas também BGHZ 86, 157 (170).

1.2 O problema: que tipo de relação condicional se estabelece entre o resultado e o comportamento de um agente quando ele deve ser responsabilizado pelo resultado?

Essa determinação da causalidade como primeiro pressuposto da imputação de um resultado parece bastante plausível à primeira vista. Somente quando dependeu do comportamento errado de um agente, o fato de o resultado ter ocorrido ou não, é que esse agente deve ser responsabilizado por esse resultado. Por sua vez, o resultado depende do comportamento errado do agente apenas quando esse comportamento tiver sido uma condição necessária para a ocorrência do resultado. O problema é que as consequências para a proteção de bens jurídicos seriam devastadoras caso se levasse a sério a ideia de causa como uma condição necessária para a ocorrência do resultado, bastando considerar que o resultado, no caso concreto, poderia ter ocorrido de várias maneiras distintas. Assim, na hipótese em que diversos motoristas implicados em um acidente tivessem, cada qual, se comportado de maneira contrária ao dever de cuidado, de tal forma que cada erro de direção fosse suficiente para a explicação do acidente, teríamos a situação em que cada um deles poderia se eximir de responsabilidade com o argumento de que nada teria auxiliado a vítima caso ele tivesse se comportado de maneira correta, já que o comportamento errado do outro seria suficiente para a causação do acidente (a respeito dessa constelação, ainda iremos falar mais adiante).

Um outro caso no qual cada participante de uma lesão poderia se apoiar na lesão do dever alheia com a finalidade de se eximir de responsabilidade é o caso no qual o comportamento errado do autor criou um perigo que, dado às circunstâncias preexistentes, viria a ser causado do mesmo modo por outra pessoa caso o autor tivesse se comportado de maneira correta, ou seja, uma "causa substitutiva" (*Ersatzursache*). É o que ocorre no caso em análise. Assim, se os médicos, réus na ação, tivessem negado o direito de saída ao paciente, como era o seu dever, então o paciente poderia ter se libertado entortando as grades da janela que se encontrava sob patrimônio tombado, como já fizera outra vez. E de fato, de acordo com o princípio do *in dubio pro reo*, deveria realmente o juiz partir do pressuposto de que o paciente teria feito isso, ou seja, teria fugido, na hipótese de não receber a permissão para deixar a clínica. Nessa hipótese, haveria de se considerar que as duas senhoras idosas, de qualquer forma, teriam sido mortas. O seu destino não teria dependido, portanto, do comportamento errado dos médicos. Com efeito, o seu destino não teria dependido sequer do estado arruinado das grades sob tombamento, pois afinal de contas, o paciente sequer precisaria entortar as grades dessa janela para poder adquirir a liberdade que desejava. Logo, a consequência da teoria da causa como uma condição necessária seria, também nessas constelações fáticas, a conclusão de que nenhum dos implicados teria sido responsável pelo desastre das vítimas nessa situação, nem os médicos responsáveis pelo paciente, nem as pessoas responsáveis pela segurança da clínica. Esse resultado não é aceitável e o Superior Tribunal de Justiça da Alemanha tampouco o aceitou.

Para fundamentar a conclusão de que os médicos, sim, são responsáveis pelos crimes cometidos por seu paciente, o Superior Tribunal de Justiça da Alemanha faz a seguinte afirmação:

> "(...) que a possibilidade hipotética de uma fuga violenta do paciente não é apta a eliminar a causalidade dos réus pelo ocorrido é algo que fundamenta também a responsabilidade de terceiros pela segurança do prédio da clínica (...). Na hipótese da causação de um resultado após uma fuga, teriam respondido pelo ocorrido, no lugar dos réus, (...) aquelas pessoas que tivessem tornado possível a liberdade ao paciente, as quais tivessem responsabilidade pela ausência de segurança da área fechada da clínica psiquiátrica em razão de uma omissão contrária ao dever. Desta sorte, não poderia ser excluído como causa a saída garantida ao paciente pelos réus."[2]

Mas como se pode exigir essa conclusão do tribunal de primeira instância se o próprio Superior Tribunal de Justiça da Alemanha reafirmou, pouco antes, a teoria de que a causa apenas pode ser uma condição necessária do resultado, tendo feito isso com as seguintes palavras: "segundo a jurisprudência consolidada, deve ser vista como causa de um resultado penalmente relevante, capaz de gerar responsabilidade penal, toda condição que não pode ser suprimida sem que o resultado deixe de existir"?[3] Caso se suprima a ação errada dos réus, ou seja, a permissão para saída do prédio sem supervisão, então justa-

2. BGHSt 49, 1 (5).
3. BGHSt 49, 1 (3).

mente não deixam de existir os delitos de homicídio praticados pelo paciente, na medida em que era muito fácil para ele fugir da estação psiquiátrica. Desta sorte, ao contrário do que expressou o Superior Tribunal de Justiça da Alemanha, o tribunal de primeira instância não excluiu o comportamento errado dos médicos como causa dos delitos de homicídio. Em realidade, o tribunal de primeira instância já não deu conta da tarefa de sequer conseguir fundamentar a causalidade da ação dos réus através da aplicação da fórmula da condição necessária, ou seja, "da jurisprudência consolidada".

1.3 A irrelevante diferença entre o certo e o errado na determinação da relação de causalidade

A solução para o problema apontado anteriormente consiste em ignorar a pergunta acerca de saber o que teria ocorrido caso o autor não tivesse agido da maneira como agiu, e sim, ater-se ao que de fato realmente ocorreu. Caso não se queira aceitar que mais de uma pessoa implicada, de forma real ou hipotética, em determinado evento, se exima de responsabilidade sob a justificativa do comportamento do outro, então é necessário que se abra mão da premissa segundo a qual somente figura como causa de um resultado o comportamento que constitui uma condição necessária para a ocorrência desse resultado, isto é, apenas quando o destino do bem jurídico lesionado tenha dependido do comportamento do autor. Mas, se for assim, qual relação condicional deve ser adotada no lugar da condição necessária?

Como o resultado de fato aconteceu, deve ter havido em realidade uma condição que foi suficiente para a sua ocorrência. Uma condição é suficiente para o resultado quando nós podemos indicar leis gerais (as chamadas "leis causais") que sejam da seguinte natureza: sempre que estiverem presentes determinadas condições, ocorrerá um resultado de determinado tipo. Assim, uma ação será causal para um resultado quando ela se apresentar como parte necessária de uma condição suficiente do resultado conforme as leis gerais, desde que essa condição também tenha ocorrido na realidade.[4]

4. *Puppe*, Strafrecht, Allgemeiner Teil im Spiegel der Rechtsprechung, 3. Aufl, 2016, § 2 nm. 5 e ss.; *Idem*, in: Kindhäuser/Neumann/Paeffgen (Hrsg.), Nomos Kommentar, Strafgesetzbuch, 5. Aufl. 2017, Vor § 13 nm. 106; *Idem*, ZStW 92 (80), 863 (876) = Strafrechtsdogmatische Analysen, 2006, p. 101,

Assim, se formos aplicar esse procedimento de determinação da causalidade em nosso exemplo, então deveríamos perguntar como é que foi possível ao autor, que estava mantido em uma instituição psiquiátrica fechada, conseguir praticar crimes de homicídio fora dela. A resposta consiste primeiramente no fato de que isso somente foi possível porque o sujeito saiu da instituição psiquiátrica. A ele foi possível sair do estabelecimento pela porta principal porque a ele foi possível apresentar ao segurança uma declaração de permissão para saída não vigiada emitida pelos médicos. Com isso, surge na explicação causal dos crimes de homicídio praticados pelo paciente apenas o fato de que os médicos denunciados garantiram a saída ao paciente, mas não o fato de que as grades da janela eram muito fracas para poderem impedir uma fuga deste paciente. Este último fato mostra-se, portanto, como uma causa substitutiva (*Ersatzursache*). Em contrapartida, a permissão de saída emitida pelos médicos denunciados foi parte necessária daquela condição suficiente para os crimes de homicídio praticados pelo paciente, condição a qual realmente é verdadeira. Fôssemos eliminar dessa condição suficiente a emissão de uma permissão dos médicos, então referida condição não seria mais suficiente. Não seria mais possível explicar como que o paciente pôde sair pela porta principal.

Nesse sentido, é preciso considerar que esse conceito causal não é apenas aquele que se encontra na técnica e nas ciências naturais, até onde elas ainda trabalham com um conceito causal. Mais do que isso, ao contrário da fórmula da condição necessária, esse conceito causal também é aquele conceito que permite a imputação de um resultado a uma ação, ainda quando uma chamada "causa substitutiva" (*Ersatzursache*) esteja posta no caso concreto ou, ainda, quando existam diversos causadores do resultado, cujas contribuições causais possam se substituir reciprocamente, hipótese na qual se tem a chamada "sobredeterminação causal" (*Mehrfachkausalität*), também conhecida como "causalidade alternativa" (*alternative Kausalität*). Somente assim é possível alcançar o objetivo do Superior Tribunal de Justiça da Alemanha de que, na situação de mais de um envolvido,

112; *Idem*, SchwZStr 1990, p. 141, 151; igualmente, *Roxin/Greco*, AT/1, § 11 nm. 15a; *Kindhäuser*, Gefährdung als Straftat, 1989, p. 84 e ss.; *Idem*, ZStW 120 (2008), p. 481, 485; *Rodriguez Montanes*, Roxin-FS (2001), p. 307 (313 e s., 317).

não seja possível que cada qual possa se eximir de responsabilidade ao fazer alusão às lesões de dever dos demais, seja essa lesão hipotética ou real.

Logo, é evidente a diferença das implicações da ideia segundo a qual a causa consiste em uma parte necessária de uma condição suficiente para o resultado em comparação com a ideia de que a causa consiste simplesmente em uma condição necessária do resultado. Apesar dessa diferença evidente, alguns autores consideram que entre essas duas fórmulas ou não existe diferença alguma,[5] ou que entre ambas existe apenas uma diferença mínima.[6] Outros autores consideram ainda que, embora a fórmula da *conditio sine qua non* se mostre como inútil ou supérflua para verificar a causalidade no caso concreto, ainda assim seria ela uma "afirmação conceitual-definitória fundada normativamente sobre a causalidade".[7] A diferença irrelevante que existe entre ambas as fórmulas é a diferença que existe a respeito de uma definição que seja correta ou errada exclusivamente do ponto de vista lógico sobre a relação causal que se estabelece entre uma causa e um resultado no direito penal. Agora, que a fórmula da *conditio sine qua non* também se mostra equivocada do ponto de vista normativo, é algo que se comprova no fato de que ela conduz a resultados normativamente inaceitáveis nos casos de sobredeterminação causal (*Mehrfachkausalität*) e nos casos de existência de uma chamada "causa substitutiva" (*Ersatzursache*), na medida em que ela permite que cada implicado possa se eximir de responsabilidade amparando-se no comportamento equivocado do outro. Isso é algo que, em princípio, qualquer penalista minimamente instruído sabe. Apesar disso, como nós vimos, o Superior Tribunal de Justiça da Alemanha e a grande maioria da literatura de manuais práticos que o seguem insistem na fórmula da *conditio sine qua non.*[8]

5. *Samson*, Rudolphi-FS (2004), p. 259 (265 e s.).
6. *Röckrath*, ZStW 115 (2003), p. 641 (646).
7. *Frisch*, Gössel-FS (2002), p. 51 (56 e ss.).
8. *Wessels/Beulke/Satzger*, Strafrecht Allgemeiner Teil, 48. Aufl. 2018, nm. 237; *Kindhäuser,* Strafrecht Allgemeiner Teil, 8. Aufl. 2017, § 10 nm. 9; *Baumann/Weber/Mitsch/Eisele,* Strafrecht Allgemeiner Teil, 12. Aufl. 2016, § 10 nm. 7; *Frister,* Strafrecht Allgemeiner Teil, 7. Aufl. 2015, § 9 nm. 5 e ss.; crítica completa a respeito em *Roxin/Greco,* AT/1, § 11 nm. 12 e ss.

Até onde seja possível reconhecer, de forma intuitiva, que as conclusões extraídas da fórmula se mostram equivocadas no caso concreto, a fórmula vai sendo modificada por meio de supressões e adições de condições ao ocorrido até que se chegue na solução que intuitivamente havia sido reconhecida como correta. É o que faz a chamada "teoria da *conditio sine qua non* modificada".[9]

A razão para que nenhuma comprovação de sua falsidade seja suficiente para abalar o domínio da fórmula da *conditio sine qua non* consiste em sua conveniência nos casos em que a causalidade obviamente esteja presente.[10] Afinal, o que haveria para divagar tanto sobre a causalidade na situação em que o agente desfere 23 golpes com um machado na cabeça de sua vítima e esta morre em consequência disso?[11] Mas como os juristas e, sobretudo os estudantes de direito, são obrigados a fundamentar toda a afirmação que suscitam, escreve-se realmente ainda: "os 23 golpes de martelo não podem ser suprimidos sem que o resultado, a morte da vítima, deixe de existir".

9. *Kindhäuser* (referência em nota nr. 8), § 10 nm. 15 f; *Kühl*, Strafrecht Allgemeiner Teil, 8. Aufl. 2017, § 4 nm. 11 e ss., chama essas modificações de "regra de aplicação da fórmula" – melhor seria chamá-las de "regras de não aplicação". A mais importante dessas modificações/fórmulas é a chamada "fórmula alternativa". Ela diz: se, entre diversas ações, cada uma delas possa, de modo alternativo, porém não cumulativo, ser suprimida mentalmente sem que o resultado deixe de existir, então é cada uma delas causal para o resultado. Esse método apresenta três erros: primeiro, de acordo com ele, cada causa substitutiva (*Ersatzursache*) seria uma causa. Em segundo lugar, esse método é aplicável apenas quando há duas causas que concorrem entre si. Tente aplicar essa fórmula alternativa para o caso de uma execução ilegal em que 12 atiradores atiram ao mesmo tempo contra a vítima e todos acertam o coração. Em terceiro lugar, e esse é o pior, essa fórmula supõe que já se tenha reconhecido tratar-se de um caso de sobredeterminação causal (*Mehrfachkausalität*) e qual dessas causas concorrem entre si. Caso não se tenha reconhecido esses fatores, então se tem uma aplicação originária da fórmula da *conditio sine qua non*, com o resultado de que o réu será absolvido porque sua ação não pode ser suprimida mentalmente sem que o resultado deixasse de existir. Acerca das falhas da chamada "fórmula alternativa", vide *Puppe* GA 2010, p. 551 (553 e s.).

10. *Kühl,* AT (referência em nota nr. 9), § 4 nm. 9; *Frisch,* Gössel-FS, p. 66 e s.

11. Caso BGH StV 1987, 92.

2. A causalidade da lesão do dever de cuidado, também conhecida como relação de ilicitude ou relação de contrariedade ao dever ou, ainda, realização do risco não proibido

2.1 O caso da seta (der Blinkerfall)

Certa manhã, quando "A" quer chegar ao escritório com seu carro, ele percebe que a seta esquerda do automóvel não está funcionando. Evidentemente, estourou o fusível ou a lâmpada do dispositivo. Muito embora ele possa trocar a lâmpada ou um fusível que tem à disposição, "A" prefere partir com a seta que está com defeito, a fim de não chegar atrasado no serviço. No momento em que ele precisa parar diante do farol vermelho, a traseira do seu carro é atingida por outro automóvel, cujo motorista conduz a direção muito rápido, em primeiro lugar, e, em segundo lugar, sem atenção. "A" comportou-se de maneira contrária ao seu dever porque ele dirigiu com a seta quebrada. Apesar disso, e apesar do fato de que ele, com exatamente essa forma de dirigir, e com essa parada perante o semáforo vermelho, também tenha sido causal para o acidente (afinal de contas, a um acidente pertencem duas pessoas), "A" não será considerado responsável pelos danos pessoais do outro motorista caso não seja possível considerar que ele tenha causado esses danos culposamente da maneira como está descrito no § 222 do Código Penal alemão.

Obviamente, não é suficiente que a sua ação tenha sido contrária ao dever e que a mesma ação tenha sido causal para um dano. Mais do que isso, é preciso que exatamente aquela característica da ação que constitui a qualidade de ser contrária ao dever é que precisa ser causal para o dano, no sentido de que ela seja parte necessária de uma condição suficiente para sua ocorrência.[12] Acontece que para poder explicar esse acidente, eu não precisaria fazer qualquer referência sobre o estado da seta do automóvel, pois "A" não precisou de maneira alguma utilizar a seta antes da ocorrência do acidente. Assim, eu poderia tranquilamente negar a causalidade da relação de

12. *Puppe,* AT (referência em nota nr. 4) § 3 nm. 2 e ss.; *Idem*, in: NK (referência em nota nr. 4), vor § 13 nm. 206 e ss.; *Idem*, GA 2015, p. 203 (209 e ss.).

contrariedade ao dever de cuidado com o argumento de que precisamente a informação sobre o defeito da seta esquerda não aparece como parte da condição suficiente para o acidente. Em deferência à doutrina majoritária poder-se-ia expressar essa conclusão também dizendo: que seria possível suprimir mentalmente a seta com defeito sem que o resultado deixasse de ocorrer.

2.2 Algumas dificuldades supérfluas

O Superior Tribunal de Justiça da Alemanha caracteriza essa relação de imputação como "causalidade da lesão ao dever de cuidado", o que está absolutamente correto na sua essência.[13] Porém, essa expressão gerou críticas na doutrina, com uma certa razão. Isso porque uma lesão de dever, enquanto tal, não pode ser uma causa, já que ela é a contradição entre um comportamento e uma norma de cuidado. Todavia, esse erro de expressão poderia ser facilmente corrigido, se ao invés de se falar na lesão ao dever de cuidado, se falasse na característica contrária ao dever de cuidado da ação. Em vez de proceder a essa correção simples, a doutrina prefere não caracterizar a relação necessária como relação de causalidade, mas como "relação de ilicitude", "relação de contrariedade ao dever" ou "realização do risco não permitido".[14] Essas expressões não são erradas em si. Contudo, tais expressões pecam por não falarem nada sobre o tipo da relação necessária que deve se estabelecer entre a contrariedade ao cuidado devido pela ação e o resultado produzido. Quem não diz nada, também não diz nada de errado.

Uma outra dificuldade supérflua diz respeito não apenas à doutrina, como também à jurisprudência. Ambas resistem em deixar

13. BGHSt 11, 1 (7); 21, 59; 33, 61 (64); VRS 21, 6; JR 1982, 382; OLG Thüringen VRS 111, 180 (184); *Fischer*, Strafgesetzbuch und Nebengesetze, Kommentar, 55. Aufl. 2008, vor § 13 nm. 35, com outras referências; *Jakobs*, Strafrecht, Allgemeiner Teil, 2. Aufl. 1991, § 7 nm. 78; *Puppe*, AT (referência em nota nr. 4), § 3 nm. 3 e ss.; *Idem*, in: NK (referência em nota nr. 4), vor § 13 nm. 200, 206.

14. *Lackner/Kühl*, § 15 nm. 41 e s.; *Eisele*, in: Schönke/Schröder, Strafgesetzbuch, 29. Aufl. 2014, Vor § 13 Rn. 95 f.; *Sternberg-Lieben/Schuster*, in: Schönke/Schröder § 15 nm. 173; *Wessels/Beulke/Satzger* AT (referência em nota nr. 8), nm. 304; *Kindhäuser,* AT, § 33 nm. 34 e s.; *Kühl* AT (referência em nota nr. 9) 17/47; *Frisch,* GA 2003, p. 719 (728).

de determinar no caso concreto uma descrição que pode ser detalhada. Por isso, no procedimento de constatação da causalidade da lesão ao dever de cuidado, ambas se negam a deixar indeterminadas as informações sobre as características da ação que contrariam o cuidado devido. Ao invés disso, o que a doutrina e a jurisprudência exigem é que, no lugar de um comportamento que contraria o cuidado devido, seja colocada uma conduta conforme o dever, isto é, o chamado "comportamento alternativo conforme o dever de cuidado correspondente" (*das korrespondierende sorgfaltsgemäße Alternativverhalten*).[15] Acontece que essa operação não apenas é totalmente supérflua, como, ainda, ela torna ambígua a relação de imputação necessária. Isso porque a fórmula não especifica exatamente qual seria o comportamento alternativo conforme o dever de cuidado que "corresponde" ao comportamento contrário ao dever, realizado pelo sujeito.[16] Em nosso caso, o autor poderia ter consertado a seta defeituosa ao mesmo tempo que ele poderia também ter ido para o trabalho de metrô, de bicicleta ou de táxi. Assim, caso se defina como comportamento conforme ao dever a locomoção de carro com a seta funcionando, o resultado não vai deixar de existir. Em contrapartida, caso se pense na corrida de táxi, então não se sabe se o resultado deixaria de existir, pois, afinal, ninguém sabe se o taxista iria dirigir exatamente do mesmo modo que fez o denunciado. Quais desses comportamentos, então, deve ser o "correspondente"? Deve a resposta a essa pergunta depender do fato de o autor possuir uma lâmpada extra ou um fusível de segurança à sua disposição, bem como da sua capacidade de consertar a seta, ou de não ter ele essa possibilidade de fato? Esse critério deve ser rechaçado, pois a direção com a seta consertada seria permitida nesse caso, com a consequência de que outros participantes no trânsito teriam que arcar com o risco vinculado à direção por se tratar de um risco permitido. Do fato de que, a esse motorista, no caso concreto, não tenha sido possível consertar a seta imediatamente,

15. *Sternberg-Lieben/Schuster*, in: Schönke/Schröder (referência em nota nr. 14), § 15 Rn. 174 ff.; *Kindhäuser*, in: Paeffgen-FS (2015), p. 129 (139), considera que quando se elimina uma informação de uma descrição, sem acrescentar uma outra no lugar, desaba a realidade como quando se retira uma carta de uma casa de cartas, fazendo aqui alusão a *Rödig*, Die Denkform der Alternative (1969), p. 122 e s.

16. *Puppe,* AT (referência em nota nr. 4), § 3 nm. 7 e ss.; *Idem*, in: NK (referência em nota nr. 4), vor § 13 nm. 202, 209 e ss.

não deriva uma pretensão para os demais participantes no trânsito de ficarem isentos desse tipo de risco.[17]

3. Dupla causalidade de lesões ao dever de cuidado

3.1 O caso do ponto de ônibus (der Bushaltestellenfall, BGH VRS 25, 262)

No caso do ponto de ônibus, o réu passou por um ônibus coletivo que estava parando no ponto. Nessa manobra, atropelou uma criança que saía detrás do ônibus em questão. Conforme a jurisprudência do Superior Tribunal de Justiça da Alemanha, um motorista que ultrapassa um ônibus que está parando no ponto é obrigado a seguir certas regras de cuidado: ou ele deve dirigir com uma velocidade muito reduzida, de modo que ele também possa parar no ponto, ou ele deve manter uma distância mínima de dois metros do ônibus que está parando no ponto. A razão para esse dever consiste na possibilidade de se garantir que os pedestres não serão colocados em risco por motoristas que estão fazendo a ultrapassagem quando saírem alguns passos detrás do ônibus, a fim de se certificarem se a rua está livre antes de atravessarem.

No caso, o motorista denunciado dirigia mais rápido do que a velocidade permitida e com uma distância menor do que dois metros, tendo atropelado a criança de maneira fatal. O réu se defendeu com a alegação de que a criança saiu correndo de forma inesperada e desnorteada pela rua, de maneira que ela teria sido atingida de forma letal mesmo que ele tivesse mantido a distância mínima de dois metros do ônibus. Como a criança estava morta e não havia nenhuma outra testemunha do acidente, o Superior Tribunal de Justiça da Alemanha deu como provada a correção da alegação do réu sob o princípio *in dubio pro reo* e cassou a condenação do réu por homicídio culposo com o fundamento de que uma condenação desse caráter somente seria possível, "caso fosse certo que o resultado não teria ocorrido

17. *Jakobs,* AT (referência em nota nr. 13), § 7 nm. 86; *Puppe,* AT (referência em nota nr. 4), § 3 nm. 4; *Puppe*, in: NK (referência em nota nr. 4), vor § 13 nm. 213.

na hipótese do comportamento conforme o cuidado devido no trânsito".[18]

3.2 O problema

Imagine-se que a criança tivesse sobrevivido e perguntasse ao juiz: – "Quem é responsável pelo meu acidente? Se não é o acusado, porque ele não podia ter evitado o acidente, então eu é que devo ser responsável. Mas também eu não teria sido capaz de evitar o acidente por meio do comportamento que era esperado de mim, pois o réu me atropelou em um espaço menor do que a área de proteção de dois metros. Mesmo que eu não tivesse corrido desnorteada pela rua, como ele afirma, e sim, apenas saído alguns passos atrás do ônibus, como se esperava de mim, de todo modo ele teria me atropelado. Quem é responsável, então, por esse infortúnio?"

3.3 A solução

Nesse caso se realizou exatamente o perigo que se esconde na aplicação da fórmula da *conditio sine qua non* no que se refere à hipótese de uma causalidade dupla (*Doppelkausalität*). Essa hipótese não é muito fácil de se reconhecer porque não se trata da causalidade dupla de ações (o que poderia parecer, já que para a explicação de uma colisão são necessárias as ações de ambos os implicados no acidente), mas sim um caso de causalidade dupla de lesões dos deveres de cuidado. Exatamente porque são necessárias duas pessoas para uma colisão é que o fenômeno da causalidade dupla das lesões de deveres de cuidado é bastante frequente, ao contrário do fenômeno da causalidade dupla de ações, que é rara na prática. Na hipótese de uma causalidade dupla de lesões de deveres de cuidado, pode-se excluir mentalmente a lesão do dever de cuidado de um dos implicados sem que o resultado deixe de existir, pois a lesão do outro já basta por si só para a explicação do acidente. Logo, caso se exija, nos termos da fórmula da condição necessária, que a lesão do dever de cuidado do autor não seja excluída mentalmente sem que o resultado deixe de existir, então a conclusão nesses casos será pela negação da causalidade da lesão do dever de cuidado. Da mesma forma procedeu

18. BGH VRS 25, 262 (263).

o tribunal no caso em análise quando absolveu o réu com a justificativa (pressuposta sob o princípio *in dubio pro reo*) de que a lesão do dever de cuidado da criança seria por si só suficiente para explicar o acidente, mesmo na situação em que o réu tivesse se comportado de maneira conforme ao dever de cuidado. Mas o que se aplica a um, deve também se aplicar ao outro, com a consequência de que o acidente não poderia ser imputado a nenhuma das partes caso a lesão do dever de cuidado de ambos fossem tão extremas, que cada qual fosse por si só suficiente para explicar o acidente – um resultado inaceitável.

Mas para poder confirmar, se além da lesão do dever de cuidado da vítima também a lesão do autor constituiu uma condição suficiente para o acidente, nós não devemos indagar se o acidente teria ocorrido da mesma forma se o autor tivesse se comportado em conformidade ao dever, e sim, se o acidente também teria acontecido caso a vítima tivesse se comportado de maneira conforme ao dever de cuidado.[19] Se a conclusão for a de que o resultado teria ocorrido mesmo sob essas condições, então o autor não pode se eximir de responsabilidade sob a alegação de que o comportamento contrário ao dever de cuidado por parte da vítima foi suficiente para a ocorrência do resultado.[20]

Por essa razão, do modo como costuma ser formulada, tampouco se sustenta a chamada "teoria da evitabilidade" (*Vermeidbarkeitstheorie*). Em sua formulação corrente, essa teoria considera que o autor não é responsável pelo acidente que ele não poderia ter evitado por meio de uma conduta conforme a atenção devida.[21] Essa exigência de evitabilidade faz com que, justo nos casos mais graves de lesão ao dever de cuidado, ambos os implicados possam se eximir de responsabilidade, cada qual sob a invocação da lesão ao dever de

19. *Ranft*, NJW 1984, 1425 (1429); *Puppe*, in: NK (referência em nota nr. 4), vor § 13 nm. 219 e s.

20. *Puppe*, AT (referência em nota nr. 4), § 3 nm. 13 e ss.

21. *Sternberg-Lieben/Schuster*, in: *Schönke/Schröder (*referência em nota nr. 14), § 15 Rn 174 ff.; LK-*Walter* Vor *§ 13* Rn 99; LK-*Vogel* § 15 Rn 182 e ss.; *Jakobs,* AT, *§* 7 nm. 98 e ss.; *Kindhäuser,* AT (referência em nota nr. 8), § 33 nm. 34, 38; *Samson, Hypothetische Kausalverläufe im Strafrecht,* 1972, p. 47, 153 e ss.; *UlsenheimerI,* JZ 1969, p. 364 (367)*; Otto,* Schlüchter-GS (2002), p. 77 (86 e s.); *Haas,* GA 2015, p. 86 (93 e ss.); *Kindhäuser,* Paeffgen-FS (2015), p. 129 (139 e s.).

cuidado praticada pelo outro. Certa é a exigência de evitação, quando muito, no sentido de que o resultado poderia ter sido evitado se todas partes tivessem agido conforme o cuidado exigido.[22]

4. O caso da bicicleta e do caminhão para juristas experientes (*der Lastzug-Radfahrer-Fall*)

4.1 O caso

A decisão BGHSt 11, 1 é possivelmente a decisão mais conhecida, e com absoluta certeza, é a decisão mais citada do Superior Tribunal de Justiça da Alemanha. Dirigindo um caminhão com carreta, o réu ultrapassou uma bicicleta com uma distância de 0,75 metros. Segundo as normas de trânsito, o correto seria manter uma distância de 1,50 a 2,00 metros. O ciclista foi parar embaixo das rodas da frente da carreta. Ele estava bêbado. Um perito esclareceu ao Tribunal que é típico de ciclistas bêbados puxarem a bicicleta na direção de uma fonte de ruído que se aproxima. Em favor do motorista de caminhão denunciado, o Superior Tribunal de Justiça da Alemanha considerou que foi isso o que teria acontecido. Entretanto, o Tribunal também deveria ter pensado que o ciclista não foi parar debaixo das rodas da frente do caminhão e sim sob as rodas da carreta, isto é, que a ultrapassagem já tinha se iniciado no momento em que o ciclista foi parar debaixo do caminhão.

Por ocasião desse julgado, o Superior Tribunal de Justiça da Alemanha desenvolveu a exigência da causalidade da lesão do dever de cuidado,[23] e esclareceu que essa exigência sobre a causalidade não havia sido preenchida porque o acidente muito possivelmente teria ocorrido mesmo que o autor tivesse mantido uma distância mínima de 1,50 a 2,00 metros. Pois o ciclista estava bêbado.

4.2 O problema

Segundo as provas produzidas, não era possível ter certeza quanto ao fato de que o ciclista bêbado teria sido capaz de manejar

22. *Puppe*, in: NK (referência em nota nr. 4), Vor § 13 nm. 203.

23. BGHSt 11, 1 (6 e s.). A respeito, *Puppe*, AT (referência em nota nr. 4), § 3 nm. 44 e ss.; *Idem*, Roxin-FS (2001), p. 287 e ss.

a ultrapassagem caso o motorista do caminhão a tivesse realizado conforme a distância de 1,50 a 2,00 metros. Essa incerteza foi eliminada pelo Superior Tribunal de Justiça da Alemanha, tendo-se em vista a aplicação do *in dubio pro reo*, na medida em que o Tribunal considerou que o ciclista poderia igualmente ter ido parar sob as rodas do caminhão com a distância de ultrapassagem anteriormente indicada. Por isso, o Tribunal absolveu o réu da acusação sob a alegação de ausência da causalidade da lesão do dever de cuidado. Grande parte da doutrina concordou com a decisão.[24]

Roxin se escandalizou com essa decisão porque ela resulta na desproteção dos portadores de bens jurídicos que já se encontram em perigo no momento da ação do autor. Por isso, ele desenvolveu, por ocasião desse julgamento, a sua famosa teoria da elevação do risco.[25]

4.3 A solução

Nem o Superior Tribunal de Justiça da Alemanha, nem Roxin, nem os seus opositores reconheceram que aqui se apresenta um problema de causalidade dupla (*Doppelkausalität*) das lesões de dever de cuidado. Segundo restou provado nos autos, as lesões aos deveres de cuidado de ambos os implicados no acidente, vale dizer, a embriaguez do ciclista somada ao curto espaço de ultrapassagem do caminhão, formaram uma condição suficiente para o acidente, pois, afinal de contas, o acidente aconteceu. Todavia, o resultado probatório deixa dúvidas acerca de saber se a lesão ao dever de cuidado do motorista de caminhão, por si só, constitui uma parte necessária dessa condição suficiente. Ela não seria uma parte necessária da condição do resultado se a embriaguez do ciclista fosse, por si só, suficiente para explicar o resultado mesmo na hipótese em que o motorista do caminhão tivesse respeitado a distância exigida de 1,50 a 2,00 metros para a ultrapassagem. Isso é duvidoso, e não apenas porque os fatos não foram esclarecidos de maneira satisfatória, mas porque não é possível assegurar, de maneira objetiva, se o ciclista poderia, ou não, ter conseguido controlar a situação sem sua embriaguez.

24. Nesse sentido, *Kühl* (referência em nota nr. 9), § 17 nm. 48 e ss.; *Wessels/Beulke/Satzger*, AT (referência em nota nr. 8), nm. 307; *Baumann/Weber/Mitsch/Eisele*, AT, § 10 nm. 90; *Kindhäuser*, AT, § 33 nm. 38.

25. *Roxin*, ZStW 74 (1962), p. 411 (430 e ss.).

Entretanto, essa poderia ser uma hipótese de sobredeterminação causal (*Mehrfachkausalität*). Esse seria o caso se o acidente também pudesse ser esclarecido exclusivamente através da lesão ao dever de cuidado do motorista, isto é, do espaço estreito para ultrapassagem. Também isso é incerto, pois ninguém pode afirmar que um ciclista, ou que esse ciclista individualmente, poderia, em estado sóbrio, vencer uma ultrapassagem na distância de 0,75 m por um caminhão. Isso não é uma questão de prova, mas de uma incerteza por princípio.[26]

O resultado probatório se apresenta, portanto, da seguinte maneira: a lesão do dever de cuidado do ciclista, qual seja, a sua embriaguez, resulta, sem a lesão do dever de cuidado do motorista de caminhão, em uma probabilidade de ocorrência do resultado de menos de 100%. Por sua vez, a lesão do dever de cuidado do motorista do caminhão, isto é, a ultrapassagem apertada, resulta igualmente em uma probabilidade de ocorrência do resultado de menos de 100% sem a lesão do dever de cuidado do ciclista. Nesse sentido, a relação exata dos números envolvidos não possui maior importância. Decisivo é apenas que, conforme o resultado probatório, somente as duas lesões do dever de cuidado juntas constituam uma probabilidade de 100%. Por isso são ambas as lesões do dever de cuidado parte necessária de uma condição verdadeira e suficiente do acidente. E justamente porque ambas as lesões do dever de cuidado são necessárias para uma explicação causal de 100% é que não precisamos da teoria do aumento do risco para a decisão desse caso. Nenhum dos implicados pode se eximir de responsabilidade com a lesão do dever de cuidado do outro.

5. O fim de proteção de uma norma de cuidado e sua averiguação

5.1 O problema

Ainda que estejam presentes a causalidade da ação do agente, sua lesão ao dever de cuidado e também a causalidade da característica contrária ao dever dessa ação para o resultado, a imputação do sujeito ainda pode fracassar pelo fato de a finalidade de proteção

26. *Puppe,* Roxin-FS (2001), p. 287 (300 e ss.).

da norma não abarcar o caso em questão. De maneira semelhante à formulação segundo a qual o risco não permitido deve se realizar no resultado, a ideia do fim de proteção da norma também é aplicada como uma espécie de fórmula universal, com a qual os problemas mais diversos da imputação devem ser resolvidos,[27] de "A" a "Z".[28]

Por que razão, após se ter comprovado a causalidade da lesão do dever de cuidado para o resultado, ainda se indaga sobre se a aplicação da norma de cuidado coincide com o seu fim de proteção? (isso, muito embora já se tenha concluído, para esse mesmo caso, que a observância da norma de cuidado devido teria evitado o resultado, vale dizer, o curso causal para o resultado).

Para *Roxin*, é preciso que se comprove se no caso realizou-se o perigo que "o dever de cuidado violado queria prevenir",[29] ou ainda, conforme coloca *Satzger*, se a norma de comportamento lesionada "é destinada à proteção do bem jurídico em questão".[30] Em todo caso, o

27. *Kühl,* AT (referência em nota nr. 9), § 17 nm. 68 e s.; *Otto*, Grundkurs Strafrecht, Allgemeiner Teil, 7. Aufl. 2004, § 10 nm. 27; *Gössel,* Frisch-FS (2013), p. 423 (442 e ss.).

28. (N.T.): Aqui, a autora faz uma brincadeira utilizando um trocadilho que apenas faz sentido com os termos originais em alemão (Ähnlich wie die Formulierung, dass sich das unerlaubte Risiko im Erfolg realisiert haben muss, wird auch dies als eine Art Universalformel angewandt, mit der die verschiedensten Probleme der Zurechnung gelöst werden sollen, von A wie atypischer Kausalverlauf bis Z wie Zweitschaden). No manuscrito original, "A" se refere à solução dada para o "atypischer Kausalverlauf" (o curso causal atípico), e "Z" diz respeito à solução que a fórmula oferece para o "Zweitschaden" (dano sucessivo), que é o caso, no direito civil, em que não se pode exigir compensação por dano quando um acidente atinja um objeto já danificado por outro acidente anterior. Na teoria da imputação objetiva de *Jakobs*, por exemplo, o conceito de "dano sucessivo" é utilizado para se referir a situações nas quais o dano determinado por um sujeito é derivado de um dano anterior causado por outrem, como no caso de um médico negligente, que não atende adequadamente a vítima de um acidente. Em tais situações, a doutrina questiona se o primeiro sujeito deve responder pela lesão precipitada pelo segundo indivíduo. O próprio *Jakobs* considera que não estaria desincumbido da responsabilidade pelas lesões corporais irreversíveis da vítima o indivíduo que a atropelou, ainda que o quadro clínico da vítima apenas tenha avançado para essas lesões em virtude de um diagnóstico errado do médico que a atendeu. A respeito, vide *Jakobs*, AT, § 7 nm. 55.

29. AT/1, 4. Aufl. 2006, § 11 nm. 85; de forma semelhante, *Kühl*, AT (referência em nota nr. 9) § 4 nm. 74; *Gössel,* Frisch-FS (2013), p. 423 (442).

30. *Wessels/Beulke/Satzger,* AT (referência em nota nr. 8), nm. 264.

que se pode querer dizer aqui é que se trata de uma vontade do legislador que foi acrescentada à norma no sentido de estabelecer uma regra para sua aplicação. Mas as razões pelas quais um legislador promulga uma norma não limitam a sua função de proteção. Isso se deixa entrever facilmente nos exemplos das normas de trânsito. Quando o órgão competente pela normatização do trânsito define uma limitação de velocidade através da placa de trânsito de n. 325 (espaços de trânsito calmo) com o intuito de que as crianças possam brincar na rua, o motorista que dirige a 40 km/h nessa área também será responsabilizado caso atropele um senhor de idade que ande por ali. Logo, a finalidade de proteção deve ser averiguada a partir da própria norma e não de alguma espécie de vontade acrescentada à norma que lhe restrinja o âmbito de aplicação.

Dessa forma, é preciso considerar que a norma cujo âmbito de proteção deva ser esclarecido não consiste no próprio tipo penal.[31] A finalidade da proibição de se matar uma pessoa culposamente é evitar que uma pessoa morra em decorrência da culpa. Não há nada mais o que se dizer a respeito disso. Assim, o objeto de análise da finalidade de proteção apenas pode consistir na relação da lesão do dever de cuidado com a ocorrência do resultado, isto é, a causalidade para o resultado daquelas características do comportamento do agente que são contrárias ao dever de cuidado. Caso já esteja, porém, definido que as características do comportamento do agente que são contrárias ao dever de cuidado foram causais para o resultado, e que, portanto, ele teria evitado o resultado, ou pelo menos esse curso causal para o resultado, se ele tivesse respeitado o dever de cuidado, então parece que a norma de cuidado já cumpriu a sua finalidade de proteção nessa hipótese.

Contudo, é possível que justo essa evitação do curso causal por meio da norma de cuidado tenha sido meramente casual. Isso significa que a atenção a essa norma de cuidado se mostrou apta a impedir um curso causal do tipo em questão nesse caso concreto, mas, não em geral. O impedimento de um resultado que se deva simplesmente ao acaso não está contido no âmbito de uma norma de cuidado. A evitação de um curso causal para o resultado por meio do respeito

31. *Puppe*, in: NK (referência em nota nr. 4), Vor § 13 nm. 232 e s.; *Idem*, AT (referência em nota nr. 4) § 4 nm. 14; *Idem*, GA 2015, p. 203 (213).

à atenção devida no caso concreto é puramente fortuita quando ela depende de casualidades que não são passíveis de serem apreendidas por meio de regras, de tal modo que, com uma modificação desses fatores causais aleatórios, justamente o respeito à norma de cuidado produziria o resultado.

5.2 O caso

Pouco antes do fim de uma área urbana, o réu atingiu uma velocidade significativamente mais alta que o limite de 50 km/h. Do lado de lá da placa amarela que apontava o fim do perímetro urbano, ele foi cortado por uma bicicleta de forma tão apertada, que mesmo freando imediatamente não pôde evitar o acidente fatal. Nesse momento ele tinha uma velocidade de 83 km/h. Se o réu tivesse se atido ao limite de velocidade de 50 km/h exigido para dentro do perímetro urbano, ele não estaria no lugar do acidente no momento em que o outro cruzou sua pista. O Tribunal de Justiça da Baviera (*Bayerisches Oberstes Landesgericht*, "*BayObLG*") negou a imputação do resultado com a seguinte fundamentação: "não é suficiente que o excesso de velocidade reprovado ao réu constitua uma condição para o resultado ocorrido, a qual não pode ser excluída mentalmente sem que o mesmo deixasse de existir". Segundo o Tribunal, seria preciso ainda que o desrespeito ao limite de velocidade tenha se mostrado lesivo no âmbito da finalidade de proteção pretendida com a definição do limite máximo de velocidade dentro da área habitável. Entretanto, um fluxo de trânsito que se passa fora do perímetro urbano não cumpre esse requisito; pois o limite de velocidade vigente dentro do perímetro urbano serve apenas para atender os riscos de tráfego do perímetro urbano.[32]

No resultado e no fundamento, a decisão está correta. Porém, de onde conclui o Tribunal que os limites de velocidade "devem" reduzir somente os riscos de tráfego que ocorrem dentro da área de sua incidência? Eles são apenas de modo geral adequados para esse propósito. No presente caso, o cumprimento da velocidade máxima em áreas urbanas não teria impedido o acidente se o infrator tivesse dirigido um carro mais potente. Que a imposição do limite de velo-

32. BayObLG VRS 57, 360 (360 e s.).

cidade não é apta em geral para impedir acidentes vê-se no fato de que essa aptidão depende de eventualidades no caso concreto, assim como existem casos nos quais o respeito ao limite de velocidade não impediria, e sim causaria o acidente fora da área estabelecida. O fato de se a direção dentro do limite de velocidade impediria uma colisão fora do âmbito de vigência do limite ou se, pelo contrário, teria, antes disso, produzido a colisão, é algo que depende do comportamento não regulado, isto é, fortuito, dos implicados no acidente – por exemplo, o momento em que iniciaram a partida, que pausas fizeram e com quais velocidades dirigiram no âmbito permitido. O fato de que, no geral, uma regra de comportamento apenas é apta para impedir acidentes dentro do seu âmbito de vigência imediato, é algo que vale não apenas para os limites de velocidade, conforme costuma ser exemplificado nos manuais,[33] mas também para inúmeras outras regras de conduta no trânsito – por exemplo, a exigência de respeitar a preferência de passagem do outro ou de parar no sinal vermelho. Se um motorista de caminhão, depois de ter passado no sinal vermelho, continua dirigindo conforme as regras de trânsito e, apesar disso, se vê envolvido em um acidente, isso significa que ele teria impedido o acidente caso tivesse respeitado o sinal vermelho. Em outros casos, o motorista de caminhão que se comporta adequadamente poderá ter evitado o acidente justamente se tivesse desrespeitado o sinal vermelho, porque aí sequer teria encontrado a outra parte do acidente. Com isso fica demonstrado que a observância de uma obrigação de parar não é apta, em geral, para evitar acidentes posteriores.

6. A sistemática da imputação objetiva

As exigências da teoria da imputação objetiva se referem não apenas à ação e ao resultado, mas ao curso causal que conduziu ao resultado desde a ação. Primeiramente, portanto, há de se averiguar esse curso causal. Ou seja: deve-se identificar aquela condição verdadeira e suficiente para a ocorrência do resultado, da qual a ação constitui parte necessária. Com isso, há de ser investigado quais as características dessa ação que se mostram incompatíveis com o dever de cuidado do autor na situação concreta. Apenas quando a

33. *Wessels/Beulke/Satzger*, AT (referência em nota nr. 8), nm. 265, 1127; *Roxin,* AT/1, 4. Aufl. 2006, § 11 nm. 75.

ação possuir tais características é que o agente terá criado um perigo proibido, verificando-se, então, se esse risco proibido se realizou no curso causal para o resultado. Esse somente será o caso, quando não apenas a ação, como ainda as suas características contrárias ao dever de cuidado se manifestem como parte necessária da condição verdadeira e suficiente para a ocorrência do resultado, isto é, quando não seja possível explicar a produção do resultado sem mencionar as características da ação que contrariam o dever de cuidado.

Como normalmente diversas pessoas se encontram implicadas em um acidente e também várias costumam se comportar de modo contrário ao dever, deve-se considerar a possibilidade de que diversas delas, duas, por exemplo, criem uma condição suficiente para a produção do resultado, de tal modo que em cada uma dessas condições o comportamento contrário ao dever de cuidado da outra apareça como elemento necessário (dupla causalidade das lesões do dever de cuidado). Para comprovar isso, deve-se imaginar o comportamento do outro implicado como contrário ao cuidado devido. Não representa problema algum o fato de que apenas conjuntamente ambas as lesões do dever de cuidado constituam uma condição suficiente para a ocorrência do resultado, a chamada "causalidade cumulativa". De acordo com essa perspectiva, os riscos proibidos de ambas as condutas se realizaram no mesmo curso causal rumo ao resultado.

Por fim, pode-se indagar ainda se o curso causal que leva ao resultado está coberto pelo fim de proteção da norma. Esse não será o caso se o respeito à norma lesionada, embora fosse capaz de impedir a produção do resultado no caso concreto, de fato não seja adequado de modo geral, mas tão apenas por um acaso tenha se mostrado apto a evitar o resultado. Isso se pode reconhecer no fato de que é preciso modificar apenas levemente os parâmetros aleatórios do caso concreto para se obter a conclusão de que não é a lesão da norma, mas precisamente o seu respeito que conduziu ao resultado. Assim, tampouco está coberto pelo fim de proteção da norma o curso causal verdadeiro que apenas casualmente teria impedido o resultado na hipótese de observância da norma.

2

A CAUSAÇÃO POR MEIO DO IMPEDIMENTO DE CURSOS SALVADORES E DA OMISSÃO*

1. Introdução

A doutrina majoritária, a qual sustenta que a causa de um resultado consiste, pura e simplesmente, na condição necessária para sua ocorrência, exige em demasia. Ela fracassa nas situações envolvendo sobredeterminação causal, bem como na presença de uma causa substitutiva. Nestes casos, são postas no mundo duas condições suficientes para a ocorrência do resultado, cujos elementos são em parte idênticos e em parte distintos. Se a fórmula da condição necessária fosse aplicada a cada um desses elementos, chegar-se-ia à conclusão de que eles não são causais, pois seria possível substitui-los pelos outros elementos da outra condição suficiente na explicação do resultado. Para a causalidade, então, deve bastar que um elemento seja o componente necessário de uma condição suficiente para a ocorrência

* *Verursachen durch Verhinderung rettender Kausalverläufe und durch Unterlassen*. Versão expandida do artigo publicado na *Zeitschrift für Internationale Strafrechtsdogmatik*, vol. 11, 2018 – Trad. Luiz Henrique Carvalheiro Rossetto. Revisão técnica de Wagner Marteleto Filho e Beatriz Corrêa Camargo.

do resultado, condição esta que não pode conter elementos supérfluos.[1] Trata-se da chamada condição *NESS* (*necessary element of a sufficient set of conditions*).[2] Agora, uma causa substitutiva também é elemento de uma condição suficiente do resultado, de modo que não podemos provar que ela não é causal enquanto saltarmos no tempo, por assim dizer, da causa particular a ser testada – por exemplo, a ação – para o resultado. Antes disso, devemos considerar como condição mínima suficiente todo o curso causal que conduz da ação ao resultado de acordo com leis gerais. Na aferição da causalidade, portanto, devemos pensar em processos ou – falando em sentido figurado – em cadeias causais. Uma causa provável acaba por se mostrar como uma causa substitutiva na medida em que determinados elementos desse processo (num sentido figurado, ligações da cadeia causal) encontram-se total ou parcialmente ausentes.[3] Todas essas considerações já devem ser de conhecimento geral.

Na causação através do impedimento de um curso causal salvador, exige-se a presença de todos os pressupostos que caracterizam esse curso causal como curso salvador, com exceção da conduta impeditiva do agente.[4] Na omissão, exige-se que o agente tenha a possibilidade de impedir o resultado.[5] O que isto represen-

1. *Puppe* ZStW 92 (1980), pp. 863, 875 e ss.; *Idem*, in: Nomos Kommentar StGB, 5ª ed., 2017, § 13, nm. 102 e ss.; *Idem*, Rechtswissenschaft 2011, pp. 400, 406, 418 e ss.

2. *Wright*, California Law Review 73 (1985), pp. 1735, 1740, 1774 e ss.; *Wright/Puppe*, Chicago-Kent Law Review 91 (2016), pp. 461-483.

3. *Puppe* ZStW 92 (1980), S. 863, 888 ff.; *Idem*, in: NK (referência em nota nr. 1), Vor § 13 Rdn. 114; *Idem* Rechtswissenschaft 2011, p. 400, 438. A crítica de *Moore*, segundo a qual a Teoria NESS não é capaz de distinguir entre uma causa e uma causa substitutiva, não se justifica, portanto – *Moore*, in: Kahmen/Stepanians, Critical Essays on "Causation and Responsibility", 2013, p. 333, 338.

4. *Puppe*, in: NK (referência em nota nr. 1), § 13 nm. 112. Sob o feitiço da fórmula da condição necessária, a doutrina majoritária se expressa da seguinte maneira: quem interrompe um curso causal que teria evitado o resultado é causador. *Roxin*, Strafrecht Allgemeiner Teil, Band 1, 4ª ed. 2006, § 11 nm. 33 e ss.; *Wessels/Beulke/Satzger*, Strafrecht Allgemeiner Teil, nm. 232; *Kühl*, Strafrecht Allgemeiner Teil, 8ª ed., 2016, § 4, nm. 18; *Kindhäuser*, Strafrecht Allgemeiner Teil, 8ª ed., 2017, § 10, nm. 37. Trata-se, conforme se demonstrará ao longo do texto, de uma concepção imprecisa.

5. *Puppe*, in: NK (referência em nota nr. 1), § 13 Rdn. 117; *Gaede*, in: NK (referência em nota nr. 1), § 13 nm. 15; *Walter*, in: Leipziger Kommentar StGB,

taria além de um retorno à teoria da equivalência das condições? Se esse raciocínio fosse correto, nós deveríamos abrir mão da determinação da causalidade como componente necessário de uma condição mínima suficiente (condição-NESS), ou admitirmos que a causação consistente na interrupção de cursos causais salvadores e a causação por omissão exigem mais do que a causação direta mediante um agir positivo.

Assim, precisamos esclarecer como se chega à conclusão de que o impedimento de um curso salvador ou a omissão da sua realização se incluem na explicação causal do resultado. Quando um curso causal salvador – na teoria causal extrajurídica, fala-se numa "condição perturbadora" – não se realiza, obtém-se uma explicação causal conclusiva do resultado, sem que a possibilidade da ocorrência desse curso causal salvador seja sequer mencionada. Quando um homem se afoga num rio após um terceiro ter desviado uma tábua que seguia na sua direção, ou, no caso de uma omissão contrária ao dever, ter deixado de lançar um colete salva-vidas, obtemos uma explicação causal totalmente conclusiva para a morte ao explicitar que ele caiu no rio com a boca e o nariz e inalou água. Assim, os fatos referentes ao desvio da tábua salvadora ou à omissão não precisam sequer ser mencionados. Se o sujeito não desviou a tábua ou se lançou o colete salva-vidas, então essa explicação causal da morte de quem se afogou se torna errônea. Se, ainda assim, a vítima se afogar, então esse resultado só pode ter tido outras causas, como um tiro na cabeça, por exemplo. Dessa maneira, nós não podemos deixar de considerar as condições perturbadoras na explicação causal; do contrário, forneceríamos uma elucidação errônea, pois uma condição perturbadora, quando completamente preenchida num determinado curso causal, falsifica a explicação causal por meio deste curso.

Deveríamos então tirar a conclusão de que toda explicação causal implica a negação de todas as condições perturbadoras concebíveis? Nessa hipótese, seríamos obrigados a aceitar como causa da

Band 1, 12. Aufl. 2007, Vor § 13 nm. 86; *Stree/Bosch*, in: Schönke/Schröder, StGB, 29ª edição, 2014, § 13 nm. 61; *Kudlich*, in: Satzger /Schluckebier/ Widmaier, StGB, 3ª ed., 2016, § 13 nm. 10; *Heger*, in: Lackner/Kühl, StGB, 29ª ed., 2018, § 13 Rdn. 12; *Kindhäuser*, AT (referência em nota nr. 4), § 36 nm. 12; *Jescheck/Weigend*, Strafrecht Allgemeiner Teil, 5ª edição, 1996, pp. 618 e ss.

morte do afogado o fato de nenhum pterodátilo ter surgido no céu para levantá-lo. Isso seria uma consequência desastrosa. Entretanto, essa conclusão não é necessária, pois uma análise mais precisa da condição perturbadora demonstra a ausência de um elo dessa cadeia causal, o que acaba por rompê-la. Se não falta qualquer elo, então nenhuma condição perturbadora para o curso da causalidade foi preenchida. A existência de uma condição perturbadora constitui unicamente um forte indício de que uma determinada explicação causal de um evento não procede. Com isso, resolve-se um problema que alguns autores invocam para inviabilizar o conceito NESS da causalidade. Na presença de mais condições perturbadoras para o curso causal, a condição-NESS não seria inequívoca, uma vez que não está claro qual dessas condições devem ser incluídas nela.[6] A resposta é a seguinte: nos cursos causais naturalísticos, nenhuma delas. Se nós rejeitamos a conclusão de que toda explicação causal implica na negação de toda e qualquer condição perturbadora, cientes de que o preenchimento efetivo dessas condições falseia a elucidação da causa com o curso causal perturbado, seria justificável reconhecer que o impedimento de uma condição perturbadora ou a omissão de realizá-la no marco de uma conduta humana são causas do curso conduzido ao resultado?

Em primeiro lugar, consideremos aqueles processos causais puramente naturais, nos quais a ação e a omissão humanas não ocorrem. Estes ainda são concebidos, em termos macrofísicos, como totalmente determinados. Sendo assim, pode-se afirmar que uma condição perturbadora para um evento, isto é, um curso causal salvador que na verdade não ocorreu, também não podia ocorrer. Dessa maneira, poderíamos estabelecer a regra de não incluir na explicação causal uma condição perturbadora que, de uma perspectiva *ex ante*, não podia ocorrer. A título de exemplo, não afirmaríamos que a corrente que desviou a tábua da direção da vítima de afogamento é causa dessa morte. Consideramos, contudo, que a ação e a omissão humanas não são determinadas. Assim, se uma pessoa tem a capacidade de impedir ou iniciar um curso causal salvador, então essa conduta salvadora é possível, pelo menos a princípio. Ela

6. *Moore,* Causation and Responsibility, An Essay in Law, Morals, and Metaphysics, pp. 491 e ss.; *Stapleton,* Missouri Law Review 73 (2008), pp. 433, 477 e ss.

passa a ser impossível quando o seu agente é impedido ou se omite. Essa é a razão pela qual nós podemos e devemos mencionar a ação e a omissão do agente na explicação causal do resultado. Contudo, se o curso causal que o agente impediu ou se omitiu de iniciar não constitui uma condição perturbadora para o resultado, não é necessário que forneçamos, na explicação causal, qualquer razão para a sua não ocorrência. Agora podemos apontar a diferença entre a concepção da causalidade através do impedimento ou omissão de cursos causais salvadores aqui exposta e a posição da doutrina majoritária. Para a doutrina dominante, para a qual causa é uma condição necessária para a ocorrência do resultado, um curso causal só será salvador quando apto a impedir toda e qualquer possibilidade de causação do resultado. Para nós, o curso já será salvador quando puder evitar o curso causal de um resultado determinado no mundo, para o qual constitui assim uma condição perturbadora. Um exemplo neste sentido é o da hipótese em que, havendo duas condições suficientes para a ocorrência do resultado, apenas uma é falseada pela presença de uma condição perturbadora, sendo também causal em relação ao resultado o sujeito que a elimine, ainda que tal condição seja capaz de interromper apenas um curso causal em andamento, sem impedir o resultado propriamente dito. O mesmo se aplica se o agente se omitir em interromper, através de uma condição perturbadora, um dos vários processos causais projetados para o resultado. Se ele, de fato, está obrigado a efetuar essa interrupção ainda que, de qualquer modo, o outro curso causal criado conduzisse ao resultado, é outra questão.

Um exemplo é o do seguinte caso julgado pelo Superior Tribunal de Justiça da Alemanha (*Bundesgerichtshof* ou BGH):[7] um pai se encontra com seus dois filhos pequenos no sótão de uma casa em chamas. A sua única possibilidade de salvá-los da morte pelas chamas consiste em lançá-los pela janela em direção aos braços de terceiros dispostos a prestar socorro. Mas ele não o faz, pois a possibilidade de que esses terceiros falhem a ponto de fazer com que as crianças caiam na calçada e morram em decorrência disso lhe é insuportável. Por fim, ele pula da janela, enquanto as crianças são carbonizadas. O pai é causal para a morte das crianças pelas chamas, porque ele poderia ter impedido esse resultado, caso as tivesse arremessado pela

7. BGH JZ 1973, 173.

janela. Para a doutrina dominante, isso é duvidoso, pois não está claro que a omissão do pai de jogar as crianças pela janela tenha sido uma condição necessária para a morte delas. Assim, essa omissão não seria uma condição necessária caso as crianças morressem em função da queda no asfalto da rua. No entanto, de acordo com a concepção aqui exposta, isso não é motivo para duvidar da causalidade do comportamento do pai para a morte das crianças, isto é, a morte decorrente de incineração.[8] Isso levanta a questão de saber se o pai estava obrigado, como garantidor, a evitar a morte pelas chamas, possibilitando a morte pelo impacto da queda. Acerca deste dever não é possível duvidar razoavelmente, caso as crianças tivessem uma boa chance de serem salvas pelos terceiros que prestaram socorro. A mera possibilidade de evitar a morte certa de quem se encontra sob a proteção do garante o obriga a assumir esse risco, ainda que isso implique num possível resultado letal. No presente caso, o acusado não tinha condições psicológicas para agir dessa maneira. Ao final, ele foi exculpado em função da inexigibilidade da ação conforme o dever.

2. Impedimento de ações de salvamento através de um agir positivo

Ante todo o exposto decorre a regra de que a causalidade através do impedimento de um curso salvador só estará presente na existência de todas as condições que teriam interrompido o processo causal dirigido ao resultado. Na falta de uma dessas condições, a intervenção não deve ser mencionada na explicação do curso causal lesivo. Assim, o caso do soro, tão discutido por *Samson*, resta resolvido. Um doente se encontra numa floresta e só pode ser salvo por um soro específico. Na pista de pouso mais próxima, encontra-se um avião de prontidão, bem como o soro em questão. Entretanto, falta um dispositivo de refrigeração, de modo que o soro estragaria durante o voo em direção ao doente. Enquanto a aeronave está sendo carregada, um trabalhador

8. A expressão "morte por incineração" (*Tod durch Verbrennen*) não designa nesse contexto algo como um "resultado na sua configuração concreta" – algo assim não existe. Cf. Puppe, *in*: NK (referência em nota nr. 1), §13º, nm. 63 e ss. O que ela designa é o curso causal já estabelecido como condição suficiente e verdadeira da morte, segundo leis gerais.

descuidado acaba derramando o soro. Seria ele causal pra morte do doente?[9]

A pergunta poderia ser respondida de forma afirmativa com a construção de uma cadeia causal entre a disponibilização do soro e da aeronave até a morte do paciente, inserindo-se o derramamento do soro como um elo intermediário. Assim provavelmente teria procedido *Wright*, em seu entendimento anterior. Ele se baseia em uma condição perturbadora – tal como, por exemplo, a condição em que o paciente recebe um soro – e então pergunta por que isso não aconteceu. A resposta reside no derramamento do soro por parte do trabalhador. Nesses termos, o fato de que o soro estragaria no voo de qualquer maneira é uma causa substitutiva irrelevante, uma vez que a corrente causal que conduziria ao estrago do soro resta rompida pelo seu derramamento.[10]

Contudo, antes de elaborar tal cadeia causal, deve-se justificar que as ocorrências no aeródromo sejam incluídas, em absoluto, na condição mínima suficiente para a morte do paciente. Pois poder-se-ia formular ainda uma condição suficiente na qual ocorram apenas a doença e os pressupostos do seu desenvolvimento até o evento morte. No entanto, esta condição mínima é incompleta se – e somente se – os pré-requisitos para evitar o desenvolvimento da doença até a morte encontrarem-se presentes em algum lugar do mundo.[11] Caso existisse um dispositivo de refrigeração no avião, então todos os pressupostos para que a doença não resultasse na morte teriam existido no ponto temporal do seu carregamento. Dessa maneira, o descuido do empregado seria causal para o falecimento do paciente.

Uma sobredeterminação causal de impedimentos de cursos causais salvadores só se encontra presente quando vários de cada um dos elementos dados eliminarem simultaneamente uma condição que interrompa o processo causal lesivo. No nosso exemplo, isso seria o

9. *Samson*, Hypothetische Kausalverläufe im Strafrecht. Zugleich ein Beitrag zur Kausalität der Beihilfe, 1972, p. 94 e ss.

10. Cf. *Wright*, in: Neyers/Chamberlain/Pitel (eds.), Emerging Issues in Tort Law, Oxford, 2007, pp. 287, 303 e ss.; *Jakobs*, Strafrecht Allgemeiner Teil, 2ª ed., 1991, 7/24.

11. *Puppe*, in: NK (referência em nota nr. 1), 13 nm. 112; *Idem*, ZStW 92 (1980), pp. 863, 903 e ss.; *Idem*, Rechtswissenschaft 2011, 400, 429; *Roxin*, AT (referência em nota nr. 4), § 11, nm. 34.

caso se, ao mesmo tempo, um derruba o soro, outro destrói o refrigerador e um terceiro esgota a gasolina. Aqui, não há possibilidade de favorecer ou prejudicar um envolvido em relação ao outro.

A situação é outra quando as condutas aptas a interromper o curso causal lesivo ocorrem de maneira sucessiva, uma vez que, nesse caso, a primeira conduta já faz com que a condição perturbadora ao curso causal lesivo não mais exista. Suponha-se então, a partir do nosso exemplo, que o empregado derrame o soro de forma dolosa ou culposa, outro agente destrua o refrigerador em seguida e, por fim, um terceiro esvazie o tanque: nessa situação, apenas o primeiro será causal para a morte do doente que se encontra na selva, pois a ação dos demais não constituía mais qualquer condição perturbadora no momento de sua ocorrência, não havendo qualquer razão para ligá-las ao resultado letal. A conduta desses dois outros envolvidos constitui, no máximo, uma causa substitutiva para a morte do paciente. Sendo assim, quando se trata de diferenciar a causa propriamente dita em relação à causa substitutiva, vale para o impedimento de cursos causais salvadores o contrário do que vige para a causação imediata do resultado. Na causação imediata do resultado, a última conduta imediatamente causal suprime a anterior, a menos que o curso causal fosse ultrapassado pelo outro no que se refere ao tempo. Se o agente administrar um veneno de efeito lento em sua vítima e um terceiro disparar contra ela, o disparo é a causa, e o envenenamento a causa substitutiva. Contudo, se ambos os agentes perpetrarem condutas sucessivas aptas a inibir uma condição perturbadora para o curso causal lesivo, então a primeira delas é a causa para a ocorrência deste curso, de forma que o resultado se realiza, sendo a segunda apenas uma causa substitutiva.

3. Causação mediante omissão

Em termos estruturais, a causação decorrente de omissão é idêntica ao impedimento de um curso causal salvador, isto é, aquele curso causal que o autor da omissão estava obrigado a realizar. Se for correta a afirmação de que o impedimento de um curso causal salvador só será causal para o resultado se em dado momento as condições que rompem o curso causal efetivamente estavam presentes, então é possível traçar algumas conclusões acerca da causalidade decorrente de omissão. Assim, uma omissão só será causal quando a interrupção do curso causal lesivo era efetivamente possível para o agente. Caso ele tenha acreditado erroneamente nessa possibilidade, não há motivo objetivo para vincular a sua omissão com o curso causal lesivo.[12] Dessa maneira, pode-se mitigar consideravelmente um problema sempre apontado contra aqueles que aceitam condições negativas como elementos de uma explicação causal, qual seja, a infinita multiplicação de condições pela admissão de fatos negativos. Não é possível pensar em cursos causais arbitrários ou condutas humanas que teriam evitado um resultado cujos pressupostos não tenham existido na realidade para incluir as suas negações na explicação causal. Se nesse momento um operário 1,5 Kg mais pesado cair de um andaime de 10 metros de altura em Sydney, eu não me torno causal pela sua morte por não tê-lo pego. Para a finalidade do direito e por motivos normativos, pode-se restringir ainda mais o número de negações admitidas como impeditivas de cursos causais. A omissão de uma conduta só pode ser considerada como causa em relação à qual for possível fundamentar uma imputação do resultado se o omitente estava juridicamente obrigado a, nos termos da chamada posição de garantidor, realizar a ação em questão.

Agora podemos resolver de forma clara um problema muito debatido, sobretudo na literatura anglo-americana: o chamado caso dos freios. Um mecânico montou os freios de um automóvel de forma errônea ou se omitiu de renovar as pastilhas completamente gastas durante a inspeção, tornando os freios ineficazes. Numa situação crítica, o motorista não pisa no freio e ocorre uma séria colisão. Se o mecânico ou o motorista são responsáveis pelo acidente, é algo controverso. Pode-se considerar tanto a montagem equivocada (ou a omissão de renovar as pastilhas dos freios) como a omissão de frear na situação crítica como uma causação através da não iniciação de um curso causal salvador. Todavia, quando o condutor do veículo deixou de pisar no freio, os pressupostos para a interrupção do curso causal da colisão não estavam mais preenchidos. Por essa razão, o mecânico, sozinho, é causal em relação ao acidente.[13]

12. *Puppe*, in: NK (referência em nota nr. 1), § 13 nm. 117.

13. *Puppe/Wright*, in: Infantino/Zervogianni (eds..), Causation in European Tort Law, Cambridge 2017, pp. 17, 51 e ss.; anteriormente, com posicionamento diverso, *Wright*, California Law Review 73 (1985), pp. 1735, 1801.

Se várias pessoas forem obrigadas ao mesmo tempo e de forma independente a dar início a um curso causal salvador e se omitirem de forma contrária a este dever, estamos diante de uma sobredeterminação causal por omissão. Assim, por exemplo, se um salva-vidas e um pai treinado nessa prática deixam de tirar da água uma criança que se afoga, ambos criam, de forma independente, uma condição necessária para a morte por afogamento. O exemplo mostra que, com a exigência da possibilidade de evitação do resultado, nós não retornamos de maneira alguma à fórmula da *conditio-sine-qua-non.*

Um tanto mais complicado é o conhecido caso do *Politbüro* (Comitê Central do Partido Comunista), o qual foi decidido pelo Superior Tribunal de Justiça da Alemanha.[14] Os membros do *Politbüro* da Alemanha Oriental foram acusados de homicídio doloso em função dos fugitivos que eram fuzilados pelos soldados de fronteira ao tentar sair do país. Os réus haviam assumido seus cargos no *Politbüro* quando a ordem de atirar na fronteira da Alemanha Oriental já estava em vigor. Eles foram acusados de homicídio por omissão, pois estariam obrigados a eliminar o chamado "regime de fronteira" (*Grenzregime*), que incluía a ordem de atirar, as faixas de morte e os equipamentos de disparo automáticos. Aqui surge o problema de que cada membro individual do *Politbüro* poderia tentar se eximir de qualquer responsabilidade sob a alegação de não ter sido possível iniciar o curso causal salvador para suprimir o regime de fronteira, uma vez que os demais membros do órgão venceriam por maioria de votos. Contudo, os demais membros do *Politbüro* se encontravam igualmente obrigados a remediar o regime de fronteira, o que ocorreria efetivamente se uma quantidade suficiente deles agisse para atingir essa maioria. Trata-se do conhecido problema envolvendo órgãos colegiados, que também pode ocorrer nos crimes comissivos, sobretudo quando mais membros, além do quórum mínimo, tomam uma decisão contrária ao direito.[15] Nos dois casos, a causalidade de cada membro individual do órgão colegiado pode ser fundamentada no fato de que o seu voto ou abstenção são combinados com tantos outros que, sendo contrários ao dever, são necessários à formação da

14. BGHSt 48, 77, com discussão em *Puppe*, Strafrecht Allgemeiner Teil im Spiegel der Rechtsprechung, 3ª ed., 2016, 31/1.

15. BGH 37, 306 com discussão em *Puppe,* JR 1992, 30.

maioria. Assim obtém-se uma condição suficiente para a formação de uma decisão antijurídica ou para a abstenção em relação a uma decisão conforme ao dever.[16] Os votos e abstenções dos membros excedentes não devem ser levados em consideração, pois a inclusão deles não provê uma condição mínima.[17] Muitos não entendem dessa forma. Eles exigem, enfaticamente, que todos os votos sejam contabilizados, pelo simples fato de estarem ali.[18]

O mesmo vale para a hipótese de os autores omissivos estarem obrigados a realizar distintas formas de conduta para interromper o curso causal lesivo. Por exemplo, se um casal está num barco à vela com seu filho pequeno e a criança cai no mar, de maneira que o pai se omite de voltar com o barco e navegar até ela e a mãe se omite de vigiá-la e avisar ao marido sobre a guinada da embarcação, ambos são causais. Se o pai não conduzir o barco na direção da criança, o olhar da mãe não tem utilidade; se a mãe não lhe der instruções de condução, ele não poderá ver a criança no mar e não poderá pilotar a embarcação. Assim, a omissão de um deles representa, de forma independente da omissão simultânea do outro, uma condição suficiente para que a criança se afogue. Nenhum deles pode alegar que o outro também violou o seu dever. Tanto o problema do colegiado como a constelação da omissão cumulativa demonstram que a nossa solução não representa um regresso à fórmula da *conditio-sine-qua--non*, pois sua aplicação conduziria, inevitavelmente, à negação da causalidade de todos os envolvidos.

Na hipótese em que a possibilidade do omitente evitar o resultado dependa do cumprimento posterior de um dever por parte de outro, como no exemplo da conduta omissiva que consista em alertar outro obrigado acerca de um perigo, a causalidade desta omissão não pode ser atrelada à observância do dever do segundo agente caso o

16. *Puppe* ZIS 2018, 57, 58 e ss.; *Idem*, in: NK (referência em nota nr. 1), § 13, nm. 108; *Idem*, GA 2004, 129, 138 e ss.

17. *Puppe* ZIS 2018, 57, 58 e ss..; *Idem*, in: NK (referência em nota nr. 1), § 13 nm. 108; *Idem*, GA 2004, 129, 139.

18. *Rotsch*, ZIS 2018, 1, 7; *Knauer*, Die Kollegialentscheidung im Strafrecht, 2001, p. 120 e ss.; *Christina Putzke*, Rechtsbeugung in Kollegialgerichten, 2012, p. 27.

primeiro lhe tivesse dado a oportunidade de fazê-lo.[19] Em primeiro lugar, esse tipo de questão sequer é passível de resposta, enquanto a liberdade do agir humano for o ponto de partida; em segundo lugar, ninguém pode se exonerar de responsabilidade recorrendo a infrações de dever meramente fictícias de outras pessoas.[20] Por essa razão, a regra segundo a qual é preciso que todos os pressupostos para o impedimento do resultado estejam presentes se o omitente estiver obrigado a agir, e não o fizer, só é válida para os pressupostos naturalísticos desta interrupção, mas não para a atuação livre de um terceiro. No que diz respeito à questão de saber se a omissão de alertar um terceiro que esteja obrigado a evitar o resultado acerca do perigo é causal para o resultado lesivo, deve-se presumir, por razões normativas, que o outro partícipe teria cumprido o seu dever, caso tivesse a oportunidade de fazê-lo.[21] Isto também pode ser exprimido da seguinte forma: na incerteza acerca do comportamento do segundo, não se pode presumir como ele teria agido na posse das informações corretas, devendo-se aplicar as regras de direito que sustentam seu comportamento.[22] Que essa regra de aferição da causalidade da omissão tenha fundamentos normativos é algo que independe da sua aceitação por parte de um empirista.

A Jurisprudência alemã procede de forma inconsistente. Na ausência de qualquer razão para presumir, no caso concreto, que o segundo incumbido de realizar o salvamento não teria cumprido o seu dever, ela não tem maiores problemas partir do pressuposto que isso teria ocorrido. Contudo, caso o comportamento adverso do sujeito forneça indícios de que ele não teria cumprido o seu dever, a Jurisprudência exige, para a condenação de quem se omite de dar ao segundo obrigado a oportunidade de cumprir seu dever, a prova de que isso ocorreria se este último fosse alertado de maneira oportuna.[23] Esta prova é impossível, razão pela qual aquele que se absteve de

19. *Puppe*, JR 2017, 513, 519 e ss.; *Idem,* in: NK (referência em nota nr. 1), § 13 nm. 133 e ss..; *Idem,* Rechtswissenschaft 2011, 400, 433 e ss.

20. *Puppe*, JR 2017, 513, 520; *Idem*, in: NK (referência em nota nr. 1), § 13 nm. 134 ss.; *Ibidem*, Rechtswissenschaft 2011, 400, 434.

21. Cf. *Puppe,* AT (referência em nota nr. 11), 2/27 e ss., 30/12 e ss.

22. *Puppe*, JR 2017, 513, 520; *Idem*, in: NK (referência em nota nr. 1), § 13 nm. 134 e ss.; *Idem*, Rechtswissenschaft 2011, 400, 434.

23. BGH NStZ 1986, 217 e ss.; BGH NJW 2000, 2754, 2757.

avisar o segundo obrigado, ou que impediu a sua atuação, não será responsabilizado pelo infortúnio.

Assim procedeu o Superior Tribunal de Justiça da Alemanha no seguinte caso: o acusado era um médico assistente de plantão que percebeu os sinais da inflamação de um paciente recém-operado. Apesar de não saber interpretar esses sintomas, ele se absteve de informar o médico principal acerca do ocorrido. No fim de semana seguinte, o médico principal deixou de cumprir o dever de realizar os exames necessários, tendo adiado os procedimentos para o início da próxima semana. Por esta razão, o Tribunal cassou a condenação em primeira instância do médico assistente, exigindo que fosse determinado se a negligência do médico principal se devia ao fim de semana ou se ele teria se comportado da mesma forma numa sexta-feira.[24] Obviamente, esse tipo de prova não é possível. Em termos empíricos, a questão é desprovida de sentido.

O Superior Tribunal de Justiça da Alemanha procedeu da mesma maneira no caso do banco de sangue (*Blutbankfall*). Num banco de sangue, era habitual abrir um recipiente de material devolvido como excedente, a fim de obter uma amostra para aferir a compatibilidade com o sangue receptor quando o tubo anexado para esse propósito tivesse sido perdido. Essa imperícia causou a infecção de amostras de sangue, o que resultou na morte de vários receptores. O Diretor da clínica estava ciente da prática e a aprovava. Sua substituta foi acusada de não ter notificado as autoridades sanitárias. A sua condenação por homicídio culposo foi negada sob o fundamento de que não teria sido improvável que as autoridades sanitárias não interviriam, pois estas teriam dado maior peso à autoridade do Diretor.[25]

Mas a nossa definição de que a decisão acerca de como a segunda pessoa teria se comportado, caso tivesse sido devidamente informada, é uma decisão que deve ter como parâmetro os seus deveres jurídicos, ajuda pouco quando não se trata de alguém obrigado a efetuar ações salvadoras, mas do lesado propriamente dito. Tomemos como exemplo o caso de Willy Bogner, um produtor de espetaculares

24. BGH NStZ 1986, 217, com discussão em *Puppe,* AT (referência em nota nr. 14), 2/35 e ss.
25. BGH NJW 2000, 2754 com discussão em *Puppe*, AT (referência em nota nr. 14), 30/12 e ss.

filmes de esqui. Ele pretendia filmar vários esquiadores famosos num vale alto. O serviço de alerta de avalanches havia anunciado nesse dia que havia risco de deslizamento de neve no local. Bogner se informou acerca do aviso, mas não informou os esquiadores. Estes se conduziram ao vale e acabaram mortos por uma avalanche. Aqui, a questão referente à responsabilidade de Bogner só pode ser resolvida se a decisão sobre a conduta que os esquiadores teriam na posse de informações corretas for baseada em regras de prudência, e não em regras de direito. Os esquiadores se expuseram, sem saber, a um elevado risco de vida. Eles tinham o direito a serem informados por Bogner, de forma integral, acerca desse perigo. Sendo assim, eu parto do pressuposto de que os esquiadores teriam agido de forma prudente tendo em vista os seus próprios interesses, abstendo-se de ir até o vale com risco de avalanches.[26] A justificativa para isso não é empírica, mas normativa. Os esquiadores tinham o direito de decidir sobre seu risco após a devida informação pelo próprio diretor de produção. Os agentes desprovidos de informação seriam privados desse direito se a sua responsabilidade dependesse de especulações sobre como eles teriam agido na posse dessas informações.[27]

O caso real foi um pouco mais complicado: o vale alto estava interditado, de maneira geral, em função do perigo de avalanches. Placas na entrada do local informaram os esquiadores sobre isso. Com esse conhecimento incompleto do risco, os esportistas assumiram um risco de uma descida letal. Eles anuíram com um risco determinado. Sendo assim, é incerto se eles prosseguiriam caso fossem informados acerca do perigo mais grave. Apesar disso, eu elencaria Bogner como corresponsável também nessa hipótese, por mais que ele não seja o único culpado, na medida em que eu me baseio na regra de prudência, segundo a qual um esquiador não entraria num local com um aviso mais detalhado, ainda que isso não possa ser afirmado com certeza. Eu procedo dessa maneira por razões normativas, e não empíricas. Contrariando o seu dever como diretor de produção, Bogner não deu aos seus atores a possibilidade de decidir de forma autônoma sobre o perigo ao qual eles se expuseram. Dessa forma, eu posso alinhar a

26. *Puppe,* AT (referência em nota nr. 14), 2/39; *Idem,* JR 2017, 513, 517 e ss.

27. *Puppe,* AT (referência em nota nr. 14), 2/39; *Idem,* JR 2017, 513, 518.

solução do caso àquela referente – e geralmente aceita – nas hipóteses da participação do agente na autocolocação em risco de terceiros através de um agir positivo. Aqui vale o princípio de que uma autocolocação em perigo que seja livre e responsável quebra o nexo de imputação relativo ao interveniente que tenha possibilitado essa ação arriscada através de um atuar positivo. Contudo, esse princípio só valerá se o agente que se coloca perigo conhece a total abrangência do risco ao qual ele se expõe. Nós também podemos considerar no nosso caso que Bogner, ao gravar o filme no local perigoso apesar do aviso de avalanche, contribuiu para a autocolocação em risco de seus atores, mediante um agir positivo. Eles não teriam motivo para cruzar o perigoso vale, caso aquele não tivesse realizado a gravação com estes. Um empirista, como um psicólogo ou um sociólogo, que analisa situações de perigo, não concordaria com essas regras de determinação da causalidade. Elas são calibradas para a questão especificamente jurídica referente à atribuição justa de responsabilidades por um evento danoso.

4. A tábua de Carnéades

Na Filosofia e na Teoria do Direito, o debate referente à causação de um resultado através do impedimento de um curso causal salvador trata de um caso muito discutido, que remonta ao filósofo grego Carnéades.[28] Após um naufrágio, o passageiro A se segura numa tábua que só comporta uma pessoa. O passageiro B, sem ter onde se apoiar, empurra o passageiro A da tábua, que se afoga, enquanto B sobrevive ao naufrágio. Na opinião da doutrina majoritária, B matou A de forma antijurídica, só podendo alegar um estado de necessidade exculpante, fundamentado no seu medo de morrer.[29] Ele seria punível a título de homicídio doloso, caso tivesse salvado outro passageiro dessa maneira, a menos que se tratasse de um parente próximo seu. Se isso é realmente errado, é altamente questionável. Por fim, nem A ou B tinham direito à tábua; que um deles a tenha alcançado antes, foi puro acaso. Não há como mencionar razões de direito ou justiça para

28. Cf. *Aichele*, Jahrbuch für Recht und Ethik 11 (2003), pp. 245, 247 e ss.; *Koriath*, JA 1998, 250, versão 4; *Küper*, Festschrift für E.A. Wolff, 1998, pp. 285, 297 e ss.; *Annette von Droste-Hülshoff*, Die Vergeltung.

29. *Zimmermann*, Rettungstötungen, 2009, p. 210 e ss.; *Frister*, Strafrecht Allgemeiner Teil, 7ª ed., 2015, § 20, nm. 1, 7.

afirmar que A deve sobreviver, enquanto B se afoga. O motivo para isso reside na manutenção da paz. Apenas em nome da paz vale o princípio de que "quem tem, tem" para bens que não são prontamente atribuídos a determinados titulares, especialmente no caso de meios de salvamento escassos. Sem este princípio, haveria uma luta de todos contra todos pelos recursos escassos e não alocados. A consequência prática, com frequência, seria no sentido de ninguém ser beneficiado por esses recursos. Assim, quem desvia um curso causal salvador que se dirigia a um objeto em perigo na direção de outro, atua de forma antijurídica. A lesão que afeta o primeiro objeto material em função do desvio é imputado como ilícito a quem o causou. Não se pode alegar em benefício próprio que o desvio do curso causal salvador para outro objeto causou não só o dano ao primeiro, mas também a salvação do segundo. Quem sabe da existência de uma mina explosiva e manda um desafeto nessa direção, não pode se justificar sob a alegação de ter salvado a vida de um terceiro que, de outra maneira, teria ido ao local. Isso também vale para as situações em que o desvio do curso causal salvador é a única possibilidade de salvar uma vida. Contudo, se o meio de salvação já se encontra atribuído juridicamente a alguém que se encontre em perigo, o princípio do "quem tem, tem" não se aplica mais. Se um viajante e seu criado se encontram no deserto e este último custodia a garrafa d'água daquele, pode o viajante retirar-lhe a garrafa, se necessário mediante violência, a fim de impedi-lo de beber o líquido, ante o perigo de ambos morrerem de sede.

5. Impedimento de ações de salvamento através da obtenção fraudulenta de órgãos doados

Um cirurgião de transplantes influenciou a alocação de fígados para doação no âmbito do *Eurotransplant* para favorecer seus pacientes. Primeiro, ele requisitava a inclusão de seus pacientes na lista de espera, muito embora os mesmos não tivessem direito de participar da lista de espera de acordo com as diretrizes. Para que isso fosse possível, o médico ocultava as razões que excluiriam os pacientes da lista. Em segundo lugar, ele fazia declarações falsas sobre pacientes seus, fazendo com que se encontrassem numa posição mais elevada da lista espera do que aquela que lhes caberia conforme as diretrizes estabelecidas. Todos os pacientes beneficiados por essa conduta do médico receberam órgãos para doação. A conduta do médico poderia representar o impedimento de um curso causal salvador, uma vez que os demais pacientes foram rebaixados na lista de espera em decorrência das suas manipulações e provavelmente não receberam os órgãos para doação a tempo hábil. Tanto o tribunal de primeira instância de Göttingen (*Landgericht*) como o Superior Tribunal de Justiça da Alemanha absolveram o médico em relação às acusações de homicídio consumado e tentado.[30]

Em seguida, as duas Cortes, bem como alguns autores, levantaram a questão referente a saber se uma imputação da morte dos pacientes seria algo passível de cogitação, pois mesmo que a causalidade da conduta do médico pudesse ser provada, nenhum dos pacientes teria direito a receber um órgão. Eles teriam apenas um direito à participação num determinado procedimento de distribuição e segundo regras determinadas.[31] Em suas decisões, ambos os Tribunais também se ocuparam, de maneira intensiva, com a validade, a legalidade e a conveniência das diretrizes de alocação. Eles opinaram no sentido de que essas diretrizes não teriam o fundamento jurídico necessário nos termos do Direito Constitucional alemão, além de serem inadequadas, pois elas não refletiriam o estado atual da medicina.[32] Contudo, como vimos no exemplo da tábua de Carnéades, o impedimento de um curso causal salvador não exige que aquele que foi privado de um meio de salvação tenha algum direito sobre ele: basta que esse curso esteja colocado, de forma puramente fática, na sua direção.[33]

Além disso, o Superior Tribunal de Justiça da Alemanha, munido do *topos* do fim de proteção da norma, levantou a questão referente à possibilidade das diretrizes promulgadas pelo conselho federal de medicina com base na norma autorizativa do § 16 da Lei de Transplantes fundamentarem uma condenação penal, já que elas

30. BGH NStZ 2017, 701.

31. BGH NStZ 2017, 701, 702; Schroth, NStZ 2013, 437, 443; crítico a respeito, Böse, ZJS 2014, 117, 120; Sternberg-Lieben/Sternberg-Lieben JZ 2018, 32, 33.

32. BGH NStZ 2017, 701, 703 e ss.

33. *Schroth* NStZ 2013, 437, 443, Fn. 74, que considera equivocada a comparação com a tábua de Carnéades, mas não explica por qual razão.

não constituem lei, não preenchendo os requisitos do art. 103, II, da Constituição Federal alemã.[34]

Contudo, as exigências do artigo 103, II, da Constituição Federal se limitam ao tipo penal,[35] não abrangendo toda norma aplicável no processo verificação da tipicidade. Imagine-se a consequência de exigir que o legislador formulasse de forma expressa e determinada toda regra de cuidado, isto é, qualquer *lex artis* médica, de manufatura ou comércio. Nem mesmo as regras de trânsito do Código de Trânsito (*StVO)* funcionariam sem o seu §1º. No caso em tela não se trata de normas cuja violação tenha sido atribuída ao acusado, mas apenas daquelas que fundamentam a causalidade da sua conduta para o impedimento de cursos causais salvadores. O acusado não infringiu as diretrizes conselho federal de medicina – o que poderia ser feito de qualquer forma pelo *Eurotransplant* – mas sim a proibição de realizar afirmações incompletas e falsas no registro de pacientes para a lista de espera.

Duas possibilidades são dignas de consideração nesse contexto. A primeira consiste na hipótese de que as diretrizes são juridicamente válidas. Assim, os órgãos disponíveis são atribuídos de antemão, por força jurídica, àqueles pacientes que os tenham recebido através da aplicação correta dessas diretrizes. Não sendo esse o caso dos pacientes que receberam os órgãos através do acusado, é de se concluir que ele impediu um curso causal salvador. A segunda possibilidade consiste na hipótese em que as diretrizes sejam juridicamente inválidas. Assim, a recepção de um órgão dependerá de uma perspectiva fática. Vale o princípio segundo o qual "quem tem, tem", para que a distribuição dos órgãos não resulte numa situação alheia ao Direito, na qual todos teriam direito a tudo, isto é, guerra de todos contra todos. Qualquer pessoa poderia obter órgãos para doação de forma impune, seja pela lista ou pela violência, a benefício próprio ou de outrem. Tal situação deve ser excluída.[36] Por essa razão, o princípio da proibição de desviar um curso causal salvador também deve valer se a sua direção no sentido de um determinado

34. BGH NStZ 2017, 701, 703.

35. (N.T.): O dispositivo mencionado diz respeito aos princípios da legalidade e irretroatividade da lei penal.

36. *Böse* ZJS 2014, 117, 121.

objeto em perigo não tiver fundamentos jurídicos, mas puramente de ordem fática – isto é, de mero acaso. Nesses termos, é significativo para a decisão que o *Eurotransplant* tenha realmente observado as diretrizes de doação. Disso também resulta que o médico acusado de ter fornecido ao *Eurotransplant* informações falsas ou incompletas sobre seus pacientes impediu, de maneira antijurídica, o salvamento dos pacientes que teriam recebido os órgãos, caso essas informações não tivessem sido falsamente prestadas.[37]

Entretanto, o Superior Tribunal de Justiça da Alemanha e o tribunal de primeira instância de Göttingen consideram impossível determinar se o acusado efetivamente interrompeu um curso causal salvador ao beneficiar seus pacientes retirando órgãos para doação do processo regular de distribuição. Ambas as cortes partem da premissa de que somente o "primeiro ultrapassado" deve ser levado em consideração,[38] isto é, aquele que receberia o órgão que beneficiou o paciente do réu em razão das manipulações deste último. O Superior Tribunal de Justiça da Alemanha faz referência à possibilidade de que o primeiro ultrapassado não estivesse em condições de receber o órgão disponível. Além disso, cogita o Tribunal sobre a hipótese de que o centro de transplantes poderia não estar, por qualquer motivo, em condições de realizar a operação, e inclusive sobre uma possível negativa do paciente ou de seu médico, ante a esperança de receber uma oferta qualitativamente superior. Por fim, o Tribunal ainda fez menção ao risco de letalidade (5 a 10 por cento) do transplante de órgãos.[39] Contudo, não se pode considerar apenas quem receberia a oferta do órgão entregue ao paciente do acusado. Se ele não tivesse aceitado a oferta por qualquer motivo, ela seria imediatamente encaminhada para o próximo destinatário na lista de espera. Isto não aconteceu, pois o órgão foi atribuído ao paciente do réu. Ademais, não se trata apenas desse único órgão. Uma lista de espera é uma fila. Quem quer que avance em uma fila por dez lugares desloca dez pessoas para trás. Portanto, todos os pacientes que tenham sido ultrapassados através das manipulações do réu em benefício do seu paciente devem

37. *Kudlich*, NJW 2017, 3255; *Rissing-van Saan/Verrel*, NStZ 2018, 57, 63.
38. BGH NStZ 2017, 701, 706.
39. BGH NStZ 2017, 701, 706.

ser levados em consideração.[40] Tudo isso é reconstruível com base nas denominadas listas de correspondências, conduzidas pelo *Eurotransplant* para todos os órgãos que lhe sejam notificados. Outra incerteza apontada pelo Superior Tribunal de Justiça da Alemanha também é remediável *a posteriori*. Ela consiste no fato de que órgãos sem receptores são oferecidos a todos os centros de transplante, a fim de evitar que eles estraguem, no chamado procedimento acelerado. Com algum esforço, é possível aferir se o paciente prejudicado seria beneficiado por esse procedimento, bem como se outro paciente deixou de receber um órgão que lhe teria sido entregue na ausência das manipulações praticadas pelo réu.

A despeito dessas considerações, a incerteza referente ao risco de morte de 5 a 10% decorrente do transplante permanece. Aqui nós devemos decidir se consideramos processos de cura e adoecimento, bem como os esforços humanos em torno de uma operação delicada, como algo 100% determinado ou se vamos aderir à visão de muitos médicos atuais, para os quais não se trata de algo totalmente determinado. Se optarmos por essa última via, então deveremos nos contentar com uma imputação baseada em leis probabilísticas, uma teoria do incremento do risco que substitua a causalidade.[41] Sendo assim, podemos fundamentar a imputação sem grandes dificuldades no fato de que o agente, ao ter impedido o curso causal salvador, incrementou um risco, que era de 5 a 10%, para 100%. Se optarmos pela primeira via, a afirmação de que existe um risco de letalidade em torno de 5 a 10% somente poderá ser compreendida a partir da consideração de que existem dois grupos de pacientes: um grupo de 5 a 10%, em relação ao qual o transplante não teria qualquer efeito, e outro de 90 a 95%, em relação ao qual a operação seria efetiva, de modo a prolongar a vida do paciente de forma considerável. Então, a questão referente ao pertencimento do paciente a um ou outro grupo revelaria uma incerteza meramente subjetiva, enquanto isso pode ser estabelecido de forma 100% objetiva. Partindo da concepção determinística, o Superior Tribunal de Justiça da Alemanha entendeu que uma probabilidade de 90 a 95% de causalidade da conduta do agente

40. *Rissing-van Saan/Verrel* NStZ 2018, 57, 64.

41. A esse respeito, ver *Stratenwerth*, Festschrift für Gallas, 1973, p. 227 e ss.; *Puppe*, ZStW 95 (1983), pp. 287, 293 e ss.

para o dano não seria suficiente para uma imputação, e decidiu pela absolvição nos termos do *in dubio pro reo*.[42]

Todavia, a fundamentação a partir da visão determinista de mundo da Jurisprudência, se aceita, deve valer também para a representação do réu. A partir dela, havia 100% de certeza de que todo paciente que não tenha recebido o órgão para transplante em decorrência da fraude do acusado pertenceria ou ao grupo de 5 a 10%, para o qual não haveria, já de antemão, qualquer perspectiva para o transplante, ou ao grupo de 90 a 95%, para o qual o transplante certamente seria eficaz. Assim, levanta-se a questão sobre se a representação do agente referente à probabilidade de 90% de causar um resultado punível não seria suficiente para o dolo. No caso em tela, entendeu o Superior Tribunal de Justiça da Alemanha que o agente haveria de acreditar que o resultado salvador ocorreria, com uma probabilidade próxima à certeza.[43] Este é o único fundamento realmente decisivo para a absolvição do acusado. Isso tem causado alguma surpresa na literatura,[44] conquanto tanto a doutrina majoritária como o Superior Tribunal de Justiça da Alemanha jamais exijam que o agente tenha 100% de certeza de estar realizando o resultado para fins de configuração do dolo. Isso vale não apenas para o dolo direto de primeiro grau, mas também para o dolo eventual.[45]

O Superior Tribunal de Justiça da Alemanha atribui abertamente a razão dessa divergência a especificidades da causação através da interrupção de cursos causais salvadores ou decorrente de omissão.

42. BGH GA 1988, 184 com discussão em *Puppe,* AT (referência em nota nr. 14), 2/18 e ss.; ver crítica em *Rissing-van Saan/Verrel,* NStZ 2018, 57, 65.

43. BGH NStZ 2017, 701, 706; no mesmo sentido, BGH JZ 1973, 173, 174, no caso da defenestração; da mesma opinião são *Rosenau/Lorenz,* JR 2018, 168, 180 e s., que se apoiam na simetria entre tipo objetivo e subjetivo nos delitos de resultado.

44. *Hoven,* NStZ 2017, 707 e ss.; *Rissing-van Saan/Verrel* NStZ 2018, 57, 65 e ss.; *Ast,* HRRS 2017, 500, 501; *Sternberg-Lieben/Sternberg-Lieben* JZ 2018, 32, 37; *Fischer*, Strafgesetzbuch, 65. Ed. 2018, § 15 nm. 4b; *Greco,* GA 2018.

45. *Lackner/Kühl*, StGB, 29. Ed. 2018, § 15 nm. 18, 23; *Joecks*, in: Münchener Kommentar, Tomo 1, 3ª ed. 2017, § 16 nm. 31; *Sternberg-Lieben/Schuster*, in: Schönke/Schröder (referência em nota nr. 5), § 15 nm. 73; *Fischer* (referência em nota nr. 44), § 15 nm. 9; para demonstrações disso na Jurisprudência cf. nota de rodapé nr. 51.

Baseado no conhecimento de que nesses processos causais deve-se ter certeza de que o resultado do curso que o agente interrompeu, ou se absteve de iniciar, teria sido evitado, conclui o Tribunal que o agente "deve estar ciente" disso.[46] Aqui se confundem várias questões jurídicas, as quais devem ser mantidas separadas.[47] 1. Qual o conteúdo do tipo objetivo? 2. Qual é o grau de certeza de que o Juiz deve se convencer para afirmar a existência do tipo? 3. Qual é o conteúdo do dolo? 4. Qual é o grau de probabilidade ou possibilidade que o agente deve considerar existente para a realização do tipo ser tratada a título doloso? A primeira questão é referente ao conteúdo do conceito de causalidade no tipo objetivo do delito de resultado. Partir de um mundo puramente determinista, isto é, negar as explicações causais segundo leis de probabilidade, significa que esse conteúdo consiste na ação do agente como algo que tenha efetivamente provocado o resultado com uma certeza de 100%. Para uma causação mediante o impedimento de cursos causais salvadores, como nós vimos, isso significa o seguinte: é estabelecida a certeza de que o curso causal que o agente impediu ou se absteve de iniciar era salvador, isto é, de que ele teria impedido o curso lesivo. A formulação da probabilidade que beira à certeza não provém Direito material, mas do processual. Ela determina o padrão de prova segundo o qual o Juiz deve ser convencido para condenar o réu e afirmar a existência da causalidade, o que se refere, portanto, à segunda questão.[48] A terceira questão diz respeito ao conteúdo da representação, a qual forma o tipo subjetivo. Nos crimes puros de resultado, ela coincide com o tipo objetivo. Essa é a simetria indicada por *Rosenau*.[49] É preciso separar a terceira da quarta questão, esta relativa ao grau de certeza que deve ser representado pelo agente de que esta causalidade esteja efetivamente presente. Em outras palavras, a pergunta é dirigida à determinação do conceito de dolo.[50] Essas quatro questões são distinguíveis da mesma forma

46. BGH NStZ 2017, 701, 706.

47. *Engländer*, JuS 2001, 958, 960 e ss.

48. Assim, o BGH confunde regras de direito material com regras de direito processual, *Hoven* NStZ 2017, 707, 708; *Rissing-van Saan/Verrel*, NStZ 2018, 57, 66; *Sternberg-Lieben/Sternberg-Lieben* JZ 2018 32, 37.

49. Cf. a nota de rodapé nr. 43.

50. *Fischer* (referência em nota nr. 44), § 15 nm. 4b; *Frister*, AT (nota de rodapé 29), § 22 nm. 51; *Jakobs*, AT (referência em nota nr. 10), 29/82 – nota de rodapé 168; *Schünemann*, StV 1985, 229, 232.

na causação através do impedimento de um curso causal salvador, na omissão e na causação direta. A Jurisprudência é muito modesta no tratamento da questão acerca do quanto de perigo deve ser estimado pelo agente no sentido de que ele tenha causado o resultado típico. Para o Tribunal, bastaria que o agente considerasse a causação como "possível e não totalmente remota".[51]

O Tribunal também recita essa fórmula na decisão em tela,[52] com a qual ele contradiz diretamente suas explicações posteriores. Assim, o mesmo deve valer para a causação através do impedimento de um curso salvador e para a omissão de dar início a ele. O agente só precisa avaliar como possível e não totalmente remota a circunstância de que o curso causal que ele interrompeu ou não iniciou teria impedido o resultado. Consequentemente, o Superior Tribunal de Justiça da Alemanha aceitou, sem maiores explicações, a punibilidade a título de tentativa em casos nos quais não poderia se afirmar com certeza que a ação omitida teria impedido o resultado, desde que o agente o vislumbrasse como possível.[53]

6. Impossibilidade de individualizar as vítimas

Nos casos de causação decorrente de omissão ou impedimento de cursos causais salvadores, pode ocorrer o problema de não se poder afirmar com certeza qual lesão foi causada pelo agente, ou de só se ter a certeza de que ela foi causada em prejuízo de um ou mais portadores de algum bem jurídico. Um exemplo simples disso é o do garante que se omite de forma contrária ao dever de lançar um único salva-vidas para várias pessoas que se afogam. Diante da omissão do agente, não há clareza a respeito de qual nadador teria alcançado o equipamento em primeiro lugar, a ponto de ser o único que poderia se salvar. Contudo, a lei se limita a incriminar o ato de "matar alguém", sem maiores especificações.

51. Assim é a fórmula empregada pelo BGH para avaliar toda decisão de primeira instância em matéria de dolo – ver BGH NStZ 2018, 460, 461; NStZ 2018, 409, 410; NStZ 2018, 37, 38; NStZ 2011, 338, 339; NStZ 2009, 91; NStZ 2009, 629, 630; NStZ 2007, 150, 151; NStZ 2007, 700, 701; NStZ 2006, 98, 99; NStZ-RR 2010, 144, 145; NStZ-RR 2007, 43, 44.

52. BGH NStZ 2017, 701, 705.

53. Ver, no lugar de muitos: BGHSt 32, 367, 370; BGH StV 1985, 229; BGH NStZ 2000, 414, 415; vide *Greco,* GA 2018.

Este problema se verificou, por exemplo, no escândalo dos transplantes de Göttingen. Conforme já mencionado, o acusado fornecera falsas informações sobre seus pacientes nas vagas de distribuição de órgãos do Eurotransplant, a fim de assegurar-lhes melhores posições de acordo com as diretrizes em vigor. No caso de alguns pacientes, que não seriam permitidos na lista de espera segundo essas regras, o médico silenciou a respeito de fatos de notificação obrigatória para conferir-lhes um lugar nessa lista. Um dos argumentos para o Superior Tribunal de Justiça da Alemanha absolver o réu em relação à acusação por homicídio doloso dos pacientes retirados de seus lugares de direito na lista, bem como em relação à acusação de homicídio tentado, foi a fundamentação de que não era possível estabelecer com certeza – e o réu também não podia saber – qual paciente foi privado de um órgão que salvaria a sua vida dessa maneira.[54]

Em outro caso, o Ministério Público sequer chegou a oferecer a denúncia por homicídio tentado ou consumado, porque não se podia determinar quem eram os pacientes cuja vida o acusado, um farmacêutico, havia encurtado, mediante a entrega de soluções de infusão adulteradas para o tratamento contra o câncer. Ao final, ele foi condenado pela prática de estelionato em prejuízo das empresas de planos de saúde.

Mas ao contrário de uma visão também defendida na literatura,[55] a lei não exige que a pessoa do respectivo lesado seja identificada. Como se disse, a lei se limita a enquadrar o ato de matar uma pessoa. Isso já fica comprovado quando se demonstra que há uma ou mais pessoas a quem o perpetrador retirou ou negou a possibilidade de salvamento. Com mais razão, o dolo do agente, e com isso a sua punição por tentativa de homicídio, não pressupõe que o agente represente a identidade destas vítimas ou que possa representá-la. O agente que executa um atentado a bomba, afinal, também não pode ter esta representação.

54. BGH NStZ 2017, 701 (705 e ss.).
55. *Ast*, medstra 2018, 135 (139 e ss.).

3

O DOLO EVENTUAL E A SUA PROVA*

A dificuldade do juiz de decidir, num caso singular, se o agente atuou com dolo ou culpa não resulta de ele ser incapaz de ler os pensamentos do agente durante o cometimento do crime, mas antes do fato de que ele normalmente será incapaz de encontrar o que procura. O agente sabe que, e.g., arrisca a vida da sua vítima, contudo, não reflete necessariamente sobre se aceita a colocação em risco ou a morte da vítima, se aprova isso, ou se apenas prefere confiar seriamente que o resultado não ocorrerá desta vez. Com efeito, a asserção do juiz no sentido de que o agente aceitou ou não o resultado não pode ser compreendida como a asserção acerca de um fato psicológico. É, na realidade, uma atribuição. Todavia, uma atribuição em Direito deve estar fundamentada em razões de natureza fática amplamente aceitas. A disputa entre as teorias volitiva e cognitiva do dolo pode ser reduzida à questão sobre que razões são aceitas para a atribuição, i.e., se elas podem ser encontradas numa atitude interna do criminoso em relação ao risco identificado de dano, ou na intensidade e clareza do risco que o agente define conscientemente.

* "Der dolus eventualis und sein Beweis". Manuscrito original em alemão – Trad. Wagner Marteleto Filho e Beatriz Corrêa Camargo – Os tradutores agradecem os valiosos apontamentos de António Brito Neves, feitos por ocasião da publicação da versão portuguesa deste artigo na Revista Anatomia do Crime, vol. 8, 2018.

Somente a última alternativa oferece solução adequada a um Direito Penal que não está interessado primariamente na personalidade do agente ou nos seus sentimentos, mas sim baseado no ato criminoso e nas características do mesmo, de que o agente tem conhecimento.

1. O caso da disputa automobilística ilegal em Berlim

Desde há cerca de um ano e meio, um caso tem recebido grande atenção na Alemanha. Ele foi discutido de forma intensa e controversa em vários níveis: nos jornais diários, na literatura especializada e também em fóruns na internet. Dois jovens, com automóveis de alta potência, combinaram uma corrida de 3,5 km, às 0h30, em Berlim, na avenida *Kurfürsterdamm*. O vencedor seria aquele que chegasse primeiro à loja de departamentos KaDeWe. Tanto na avenida *Kurfürsterdamm*, como nas ruas que a cruzam, predomina um tráfego significativo mesmo a esta hora da noite. Os acusados dirigiam com uma velocidade de até 160 km/h e cruzaram 12 sinais e 7 entroncamentos das vias, sem respeitar os sinais vermelhos ou o tráfego dos cruzamentos.

No 13.º sinal, um dos participantes na corrida, com uma velocidade de aproximadamente 160km/h, colidiu com a lateral de um *jeep*, o qual, em razão da colisão, ficou totalmente destruído. O motorista atingido sofreu lesões fatais, enquanto o corredor ficou apenas levemente ferido.

Completamente horrorizado, ele passou a gritar repetidamente diante do local do acidente: "Como pôde isto acontecer? Como pôde isto acontecer?!" O tribunal de primeira instância (*Landesgericht*) condenou ambos os acusados por homicídio doloso.[1]

Em face do tipo de homicídio qualificado na Alemanha, seria necessário que o tribunal aplicasse a circunstância que qualifica o crime pelo emprego de meio que resulta em perigo comum, na medida em que não era possível prever quantos usuários do trânsito morreriam na hipótese de uma colisão. O Superior Tribunal de Justiça da Alemanha (*Bundesgerichtshof* ou BGH) anulou a decisão e devolveu o julgamento da matéria para outra câmara do tribunal de origem.[2]

1. NStZ 2017, p. 471; ZIS 2017, p. 439.
2. BGH NStZ 2018, 409 = JR 2018, 340 mit Bespr. *Puppe*, JR 2018, 323.

Segundo a jurisprudência predominante, a decisão sobre se um agente atua com dolo de homicídio, ou apenas com culpa, na situação em que ele, conscientemente, cria um elevado perigo para a vida, depende de saber se ele resignou-se com o resultado,[3] ou confiou na sua não ocorrência de forma séria, e não apenas vagamente.[4] Segundo o artigo 18, n. 1, do Código Penal brasileiro, importa saber se o agente "assumiu o risco de produzir o resultado". Esta formulação não ajuda.

3. (N.T.): A respeito desse termo não houve consenso entre os tradutores, cada um com boas razões para sustentar a própria posição e para reconhecer as limitações existentes. Ocorre que as expressões "*in Kauf nehmen*" ou "*billigend in Kauf nehmen*" não têm tradução direta para o português. Têm o sentido literal de "tomar em compra" ou "tomar aprovadoramente em compra", e a conotação de aprovar algo, em si mesmo, não desejado. Na Alemanha, a expressão era utilizada em sua origem para indicar a situação em que o consumidor adquiria um produto e acabava por aceitar comprar outro em conjunto, que não pretendia adquirir. Em Portugal, Maria Fernanda Palma utiliza a expressão "tomar em compra" em sua obra *Direito Penal, Parte Geral. A teoria geral da infracção como teoria da decisão penal.* 3ª ed. Lisboa: AAFDL, 2017, p.139 Coimbra: Almedina, 2017. Essa expressão possui a vantagem de resguardar o sentido técnico originário da ideia que representa. Além disso, "tomar em compra" permite, no português, a manutenção de certa neutralidade em relação às diversas modificações que a expressão teve ao longo da história das teorias do dolo na Alemanha, ora figurando como elemento relativo à cognição do agente, ora figurando como elemento relativo ao componente emocional do agente. Para a presente tradução, optamos pela expressão "resignar-se", como o faz Ramón Ragués y Vallès: *El dolo y su prueba en el proceso penal.* Madrid: Bosch, 1999, p. 61. Apesar de não resguardar a referida neutralidade, o verbo "resignar-se" corresponde ao atual sentido dado pela dogmática alemã à expressão "*in Kauf nehmen*", isto é, como uma atitude emocional do sujeito no contexto de uma teoria volitiva do dolo. Nesse sentido se posicionou a própria autora em conversa a respeito do trabalho de tradução. Expressão alternativa é utilizada por Luís Greco, que traduz "*billigend in Kauf nehmen*" como "assunção aprovadora do risco" na obra de Puppe, *A distinção entre dolo e culpa* (trad. Luís Greco). São Paulo: Manole, 2004. Contudo, "resignar-se" nos parece ainda preferível na medida em que é mais palatável e claro ao leitor, evitando-se confusões com a redação do artigo 18, I, do Código Penal.

4. Entre muitos, veja-se apenas: BGH NStZ 2016, 211 (215); NStZ 2012, 384 (386); NStZ 2015, 266 (267); NStZ-RR 2016, 204; compare-se, por fim, *Schneider*, NStZ 2018, 528 (529) com amplas referências à jurisprudência do BGH; *Sternberg-Lieben/Schuster* in Schönke/Schröder, 29. Aufl. 2014, § 15 nm. 82, 84; *Stein* in Systematischer Kommentar StGB, Band 1, 9. Aufl. 2017, § 16 nm. 31 e s.; *Vogel* in Leipziger Kommentar, Band 1, 12. Aufl. 2007, § 15 nm. 128; *Wessels/Beulke/Satzger*, AT, 47. Aufl. 2017, nm. 329; *Roxin*, AT/1, 4. Aufl. 2006, 12/27 e ss.

Quem conscientemente produz um risco, assume-o em todo o caso. Assim, para a distinção entre o dolo e a culpa consciente, a pergunta sobre a "resignação" ou sobre a "assunção" do risco tão pouco se pode referir à produção do risco, mas sim, apenas, ao próprio resultado.

No meio jurídico alemão acendeu-se uma enorme discussão sobre se os acusados se resignaram com a morte acidental de outro motorista ou não. Nesse contexto foi importante sobretudo o argumento de que eles próprios se haviam autocolocado em risco e que, caso um acidente ocorresse, os seus amados automóveis também seriam destruídos.[5]

Por outro lado, a experiência ensina que o risco gerado nas ruas pelos participantes de corridas ilegais ("rachas") é muito superior para os outros usuários das vias de tráfego em comparação com aquele risco a que se submetem os próprios corredores clandestinos. Enquanto muitos "rachas" terminam em mortes para transeuntes e condutores, os participantes das corridas ilegais saem apenas levemente feridos. E isso é simples de esclarecer. Quando o participante do "racha" é abalroado por um condutor no tráfego, isso passa-se na cidade, onde a velocidade máxima é de 50 km/h. Se, em contrapartida, o motorista que participa da disputa ilegal atinge um condutor no tráfego, a sua velocidade é significativamente mais alta. Já no caso em que o participante do "racha" perde o controle do seu veículo, derrapa, ou sai da curva, ele pode atropelar um motociclista ou um pedestre, situação na qual poderá simplesmente não acontecer nada com ele mesmo. O tribunal de primeira instância encomendou o parecer de um psicólogo especialista em trânsito para decidir sobre a questão. O perito esclareceu ao tribunal que os jovens motoristas, nos seus veículos potentes e equipados com amplas tecnologias de segurança, sentem-se seguros e superestimam as suas capacidades de condução. Um dos fundamentos pelos quais o Superior Tribunal de Justiça da Alemanha anulou o julgamento foi justamente a utilização desse laudo para decidir a questão de saber se o autor agiu com dolo homicida. Para o Superior Tribunal de Justiça da Alemanha, a decisão a respeito da existência do dolo não se pode orientar por regras empíricas gerais da psicologia, mas sim, e exclusivamente, pelo

5. *Schneider* NStZ 2018, 528 (530 e s.); *Eisele* JZ 2018, 549 (552 e ss.); *Walter* NJW 2017, 1350 (1351); *Grünewald* JZ 2017, 1069 (1071).

caso concreto.[6] Contudo, como seria possível estabelecer, no caso individual, se o agente se resignou com o acidente fatal, ou ainda, como se diz, confiou seriamente, e não apenas vagamente, na sua não ocorrência, sem a aplicação de regras gerais de experiência?[7] O Juiz, como se diz, não poderia olhar para dentro da cabeça do agente durante a prática do seu ato.[8] Levada a consideração do Superior Tribunal de Justiça da Alemanha ao pé da letra, a consequência seria o afastamento do dolo na maioria das vezes em razão do princípio do *in dubio pro reo*.

2. Dolo eventual como atribuição

Acontece, contudo, que o problema é muito mais profundo. Mesmo se o juiz pudesse olhar para dentro da cabeça do autor durante o ato, ele não encontraria, ali, nada do que deveria ver: nem a resignação com o resultado; nem a confiança séria, e não apenas vaga, seja por que razão for, de que o resultado não ocorreria.[9] Nem mesmo o cauteloso ladrão que planejou por muito tempo o seu delito e que bate na cabeça da vítima com uma ferramenta, para fins de torná-la inconsciente – bem sabendo que tal agressão facilmente poderá conduzi-la à morte – vai formar a decisão sobre se irá resignar com a morte da vítima antes de agredi-la, ou se prefere confiar seriamente que o seu golpe não se tornará fatal. Com mais razão, o agente que, por ira, numa decisão repentina, esfaqueia, pisoteia ou espanca a vítima, não medita sobre se se resigna ou não com a morte daquela. E isso inclusive estando ele certamente consciente da perigosidade do seu ataque para a vida da vítima. A atitude de "resignar-se", "pôr-se de acordo", "levar a sério", "apropriar-se do resultado representado como possível", ou "decidir-se pela entrada do resultado" é uma quimera se se pretender entendê-la como um dado psíquico. Assim,

6. BGH NStZ 2018, 409 (411).

7. Assim: *Hörnle* NJW 2018, 1576 (1577).

8. *Hassemer*, Armin Kaufmann-GS, 1989, p. 289 (303 e ss.); *Volk*, in: BGH-FG, 2000, Bd. IV, 739 (744, 746); *Mylonopoulos*, Frisch-FS, 2013, p. 349.

9. *Puppe* NStZ 2014, 183 (185 e s.); *Idem,* ZIS 2014, 66 (68); *Idem,* AT, 3. Aufl. 2016, 9/6; *Schünemann*, Hirsch-FS, 1999, p. 363 (367 e s.); *Grünewald* JZ 2017, 1069 (1070); *Hörnle* NJW 2018, 1576 (1577), *Roxin*, Rudolphi-FS, 2004, 243 (246 e s.)

caso se queira considerar tal atitude pessoal ou elemento volitivo para a distinção entre o dolo eventual e a culpa consciente, isso só será possível no sentido de que se atribua ao agente, sob determinadas condições, esse tal elemento. Ou seja, no seguinte sentido: quem, sob estas e aquelas condições, atua conscientemente, resigna-se com o resultado, põe-se de acordo com a sua ocorrência, decide-se pela possível ocorrência de tal resultado etc.[10]

Todavia, uma atribuição nesse sentido tem de resultar de regras rígidas, sob pena de ser arbitrária ou, na melhor hipótese, uma espécie de "jurisprudência intuitiva".[11] A disputa entre as posições fundamentais acerca do dolo eventual – as teorias cognitivas e volitivas – deixa-se representar, atualmente, como uma disputa sobre quais as regras pelas quais se impõe de Direito que tal atribui**ção** seja feita.

3. Teorias volitivas e cognitivas do dolo

As teorias volitivas definem da forma mais ampla e compreensiva possível o conjunto dos chamados indicadores ou contraindicadores do dolo, os quais devem fundamentar a atribuição ou a negação do dolo no caso concreto. Não apenas a dimensão e o caráter manifesto do risco conscientemente criado pelo agente devem ser essenciais, mas também: a constituição psíquica do agente; a sua excitação ou alcoolização; a sua posição geral em relação à vítima, que pode ser deduzida, por exemplo, do seu comportamento prévio; o seu comportamento posterior, como, por exemplo, a manifestação de remorso, ou a manifestação de indiferença ou de satisfação com o resultado; bem como a estrutura da sua personalidade e do seu caráter, como o agente a tenha expressado em comportamentos anteriores.[12]

10. *Puppe* NStZ 2012, 409 (414); *Roxin* Rudolphi-FS, 2004, p. 243 (246 e s.); *Jakobs* Rechtswissenschaft 2010, 283 (287 e ss.); *Hruschka* Kleinknecht-FS, 1985, 191 (201); *Kindhäuser* Eser-FS, 2005, 345 (354); *Pérez-Barberá* GA 2013, 454 (456 e s.); *Stuckenberg* Vorstudien zu Vorsatz und Irrtum im Völkerstrafrecht, 2007, 385 e s.; *Leitmeier* HRRS 2016, 243 (245 e s.); *Kubiciel/Hoven* NStZ 2017, 439 (440 e s.); *Kudlich* in BeckOK StGB, 39. Edition 2018, § 15 nm. 23.

11. *Roxin* AT/1 (referência em nota nr. 4), 12/30; *Puppe* NStZ 2012, 409 (413 e s.); *Idem,* ZIS 2014, 66 (68).

12. Representativo: *Roxin* Rudolphi-FS, 2004, 243 (245 e ss.); *Idem,* AT/1 (referência em nota nr. 4), 12/50.

Este catálogo de indicadores do dolo não é taxativo. Também não se estabelece de modo rígido qual o peso relativo que cada um destes indicadores possui em comparação com os demais. Seriam, por exemplo, as manifestações de remorso pós-fato um indicador suficiente para afastar a resignação com o resultado, mesmo se o agente agrediu a vítima de um modo extraordinariamente perigoso para sua vida? Não podem tais manifestações de remorso também ser a expressão de que a posição do agente em face do resultado se modificou, por repentina desilusão? Por um lado, excitação e alcoolização podem levar o agente a subestimar e reprimir mentalmente o perigo, ou seja, a não se decidir pelo resultado; por outro lado, contudo, ambos os estados possuem um efeito desinibidor que, de todo modo, torna mais fácil para o agente, no momento do fato, decidir-se pelo resultado. O Superior Tribunal de Justiça da Alemanha tem atribuído especialmente **à** alcoolização e emoções do agente um caráter ambivalente, ora como indício a favor, ora como indício contra o dolo.[13]

Assim compreendida e posta em prática, a teoria volitiva do dolo não conduz a uma interpretação do comportamento do agente como a expressão de uma aprovação do resultado, ou de confiança séria na sua não-ocorrência, mas sim a um amplo julgamento sobre a personalidade e o caráter do agente, no sentido de saber se o mesmo merece receber a censura mais gravosa do dolo. Não por acaso, nos casos concretos, os defensores da teoria volitiva chegam frequentemente aos mesmos resultados da jurisprudência e oferecem a esta um atestado de qualidade, na medida em que elogiam a correção do julgamento dos juízes no caso.[14]

Os defensores das teorias cognitivas do dolo, por seu lado, censuram a jurisprudência pela sua imprevisibilidade e inconstância, uma vez que, de forma casuística, ela considera ora um, ora outro indicador do dolo como sendo decisivo, ou também como irrele-

13. Por exemplo, NStZ 2013, 581 (582); NStZ-RR 2013, 75 (77); NStZ 2013, 89 (90).

14. Entre outros, veja-se apenas: *Geppert* JA 2001, 44 (56); *Roxin* Rudolphi-FS, 2004, 243 (248 e s.); *Hassemer* Kaufmann-GS, 1989, 289 (306 e s.); *Volk* BGH-FG, 2000, Bd. IV, 739 (746); LK-*Vogel* (referência em nota nr. 4), *§* 15 Rn 128; *Gaede* in Matt/Renzikowski, 2013, *§* 15 nm. 23 e s.

vante.[15] Os defensores das teorias cognitivas esforçam-se pela generalização, calculabilidade e previsibilidade da decisão acerca do dolo e da culpa no caso concreto. Por isto, eles reduzem os indicadores a favor ou contra a atribuição da vontade às propriedades do ato.[16] Esse é um entendimento normativo da vontade, como também ocorre na vida e na linguagem quotidianas. São Tomás de Aquino fornece dois exemplos para isso: se um "beberrão" bebeu muito vinho, não pode dizer que realmente quis beber muito vinho, mas não ficar embriagado. Se um estudante não estudou, não pode dizer que realmente não quis estudar, mas que, ao mesmo tempo, não quis permanecer burro. Tomás de Aquino foi professor, e, claramente, não sem sentido de humor. Consideremos o caso do estudante preguiçoso que com frequência suficiente foi admoestado pelo seu pai no sentido de que iria fracassar nos exames se não estudasse. Se, depois de tudo, ele se sentar triste na mesa da cozinha e se lamentar por ter efetivamente fracassado no exame, o seu pai poderá dizer: "bem, você realmente não quis outra coisa". Naturalmente, nem Tomás de Aquino, nem o pai neste exemplo, querem afirmar seriamente que o estudante efetivamente quis fracassar no exame, ou que em qualquer sentido "se resignou com esse fracasso", "se pôs de acordo" ou "se decidiu" por ele. Ambos apenas têm em vista que não há razão alguma para tratar o agente de modo menos rigoroso do que alguém que buscou o resultado ou o provocou conscientemente, diante do fato de que ele reprimiu psicologicamente o perigo reconhecido, o deixou de lado ou, contra toda a razão, o ignorou. Apenas um agente que é indiferente ao destino da sua vítima consegue anular um perigo elevado e evidente que causa para ela, simplesmente dizendo que nada se irá passar.[17]

15. *Puppe* AT (referência em nota nr. 9), 9/16 e ss. Com referências à jurisprudência; *Idem*, NStZ 2013, 409 (414); *Schneider* NStZ 2018, 528 (530); *Kubiciel/Wachter* HRRS 2018, 332 (334); *Herzberg* BGH-FG, 2000, Bd. IV, 51 (73); *Neumann* in NK, 5. Aufl. 2017, § 212 nm. 14.

16. *Puppe* GA 2006, 65 (75 e s.).

17. *Puppe* ZIS 2017, 441 (442); *Idem*, ZStW 103 (1991), 1 (12 e s., 16 e s.); *Idem*, in NK (referência em nota nr. 15), § 15 nm. 68.

4. O caso da barraca de tiros de Lacmann

Tomemos como exemplo os nossos participantes da disputa automobilística ilegal. Neste caso, posso constatar excepcionalmente que eles, com segurança, não queriam uma colisão com outro veículo. Trata-se, nomeadamente, de um *remake* do conhecido caso da barraca de tiro de Lacmann. Este caso foi construído por Lacmann para refutar a assim chamada "primeira fórmula de Frank". Segundo esta fórmula, o agente não atua dolosamente caso se conclua que ele não teria atuado se tivesse sabido, com segurança, que o resultado em questão iria ocorrer.[18] Para a refutação desta fórmula, Lacmann construiu o seguinte caso: dois jovens estão na barraca de tiros de uma feira popular. Um aposta com o outro que é capaz de acertar, com um tiro, numa bola de vidro que está na mão de uma garota que atende os clientes. Se conseguir, receberá 300 euros do outro apostador. Enquanto engatilha e faz mira cuidadosa na direção da bola de vidro, o atirador, sabendo que a sua habilidade de tiro é apenas mediana, reflete que "se eu atingir a mão da garota, largo a arma e desapareço na multidão". Então, ele atinge efetivamente a mão da menina. Se ele tivesse sabido, desde o início, que tal aconteceria, seguramente não teria atirado, pois então não receberia os 300 euros do seu colega.[19]

Lacmann, contudo, não esgotou o potencial crítico do seu exemplo, na medida em que ele apenas o aplicou para a refutação da fórmula de Frank. Na verdade, o seu exemplo refuta toda a perspectiva jurídica que faz o dolo depender de uma vontade em sentido psicológico-naturalista. Torna claro que este atirador, decididamente, queria que a mão da menina não fosse atingida, porque só assim ganharia a aposta.[20] Mas será esse um fundamento para tratá-lo com menos rigor do que se ele, em qualquer sentido, se tivesse resignado com a lesão da menina, ou se tivesse colocado de acordo com ela? O fundamento para que ele não tenha concordado com a lesão é uma ninharia em comparação com a integridade física da garota, que ele

18. *Frank* StGB, 18. Aufl. 1931, § 59, Anm. 5 (p. 190); *von Hippel* Die Grenze von Vorsatz und Fahrlässigkeit, 1903, 135 e ss.

19. *Lacmann* GA 58 (1911), 109 (119); *Idem,* ZStW 31 (1911), 142 (159 e s.); confira, também, *Roxin* AT/1 (referência em nota nr. 4), 12/55.

20. *Puppe* NK (referência em nota nr. 15) § 15 nm. 40; *Idem,* ZIS 2017, 439 (441 e s.).

colocou em grande risco. Trata-se, sobretudo, de um fundamento puramente egoísta, que nada tem que ver com a consideração pelos interesses da vítima.

Exatamente o mesmo acontece em relação aos nossos participantes na disputa automobilística. Eles querem, decididamente, que nenhum acidente ocorra, pois um acidente iria interromper a corrida sem a existência de um vencedor. Contudo, isso não desonera o corredor da censura do dolo, pois ele criou um grande e incontrolável perigo para a vida de outros motoristas e transeuntes, ao lado do qual é uma ninharia o seu interesse em terminar a corrida e possivelmente vencê-la. Podemos, portanto, aprender ainda mais com o caso da barraca de tiros de Lacmann. Para além de não interessar a vontade do agente em relação ao resultado, nem mesmo num sentido enfraquecido, para a análise do dolo tão pouco interessa saber se a ocorrência do resultado se inseriu nos objetivos ou nos planos do agente, ou se para ele o resultado estaria pessoalmente vinculado a algum prejuízo. Toda a discussão feita até agora acerca da autocolocação em risco dos participantes na disputa automobilística também se situa à margem da questão que realmente importa.[21]

5. A teoria do perigo doloso

O que resta, então, como critério que se possa tomar para a atribuição do dolo? Resta apenas, a este propósito, a grandeza e evidência do perigo a que o agente conscientemente expôs a vítima. Este é o pensamento fundamental da chamada teoria da probabilidade. Mas a teoria da probabilidade é considerada hoje, de modo geral, como fracassada, porque ela não pode fornecer qualquer informação **à** pergunta sobre quão alto deve ser exatamente o perigo que fundamenta o dolo.[22] Não tanto os próprios teóricos da teoria da probabilidade, mas especialmente os seus opositores criaram a fórmula segundo a qual a probabilidade da ocorrência do resultado

21. *Puppe* ZIS 2017, 439 (441 e s.); *Idem,* JR 2018, 323 (325).

22. S/S-*Sternberg-Lieben/Schuster* (referência em nota nr. 4), *§* 15 Rn76; *Jakobs,* AT, 2. Aufl. 1991, 8/23 Fn47; *Jescheck/Weigend* AT, 5. Aufl. 1996, 29 III 3; *Frisch* Vorsatz und Risiko, 1983, 20; *Ambrosius* Untersuchungen zur Vorsatzbegrenzung, 1966, 62; *Ziegert* Vorsatz, Schuld und Vorverschulden, 1987, 107; veja-se, igualmente, *Herzberg* JuS 1986, 249 (251).

precisa ser mais elevada do que a da sua não ocorrência. Assim, estabeleceram que para uma probabilidade de 51%, o dolo verifica-se, e para uma probabilidade de 49%, não. Simplesmente por isso a teoria da probabilidade hoje é recusada de modo geral. Mas tal expetativa de exatidão nenhuma teoria jurídica pode preencher. O agente, antes do ato, não fará qualquer ideia sobre se a sua representação do risco fundamenta uma probabilidade de 49% ou de 51% de ocorrência do resultado.

Não precisamos, portanto, de qualquer determinação quantitativa, mas sim qualitativa, da representação do risco que fundamenta o dolo. O perigo deve ser tão grande e aparente que uma pessoa racional no lugar do agente não poderia ter prosseguido sem resignar-se com o resultado, sem pôr-se de acordo com ele e sem decidir-se por ele. Nisso consiste, portanto, a normativização do conceito de vontade, em que não se questiona acerca da real situação psíquica do agente, antes se mede o seu comportamento segundo o parâmetro de uma pessoa racional.[23] Esse pensamento já se encontra na base da teoria do *dolus indirectus* da idade média. O agente não quer o resultado diretamente, mas o quer indiretamente, na medida em que ele quer algo que está vinculado "*immediatur et per se*" ao resultado,[24] pois, segundo Böhmer, cada um será julgado como agindo conforme uma racionalidade correta.[25]

O agente produz um risco que fundamenta o dolo quando faz algo que seria um método idóneo de produzir o resultado, se alguém quisesse produzi-lo.[26] Por meio desta formulação do nosso critério do dolo, muitos casos de delitos de homicídio se resolvem de modo bastante claro. Golpes com um objeto pesado na cabeça; pontapés

23. *Puppe* NK (referência em nota nr. 15), § 15, nm. 69 e ss.; *Idem,* AT (referência em nota nr. 9), 9/5; *Idem,* ZStW 103 (1991), 1 (14 e ss.).; *Idem,* GA 2006, 65 (74).

24. *Carpzov*, Practica nova imperialis Saxonica rerum criminalium, 1635 (citado conforme a edição de 1645), Quaestio I, Rz 31; citação completa com tradução feita por *Puppe*, ZStW 103 (1991), 1 (24 e ss.).

25. *Böhmer*, Observationes selectae ad Benedictus Carpzovi JC. Practicam novam rerum criminalium imperialem Saxonicum, 1759, pars I, abs. II, qu 1, Nr. 62 (p. 2), tradução do autor; em latim: "[...] secundum rectam rationem agere censeatur"; citação mais exaustiva em *Puppe*, ZStW 103 (1991), 1 (27).

26. *Puppe* NK (referência em nota nr. 15), § 15 nm. 69; *Idem,* AT (referência em nota nr. 9), 9/5; *Idem,* ZStW 103 (1991), 1.

contra a cabeça; estrangulamento ou sufocação por vários minutos; golpe de faca na garganta ou nas costelas; são todos métodos adequados a matar. Quem os emprega, fundamenta um perigo doloso independentemente de se quer a morte, ou se resigna com ela,[27] ou também independentemente de se possuía um método de matar ainda mais eficiente, se tivesse efetivamente pretendido o resultado.

Contudo, aos nossos "motoristas-corredores" este critério não é aplicável, mas sim o critério geral de que uma pessoa racional não poderia ter seguido adiante na confiança de que o resultado não ocorreria.[28] Dessa confiança na ausência do resultado se poderia talvez falar se o agente tivesse ultrapassado um sinal vermelho, mas não treze, ainda mais quando, de acordo com o seu plano, ainda deveriam ter sido outros mais. O tribunal de primeira instância também argumentou no mesmo sentido, na medida em que fundamentou o dolo não com base na ideia de que os autores não confiaram na ausência do resultado lesivo, mas sim na de que os sujeitos não podiam confiar na sua ausência.[29]

6. Resignação e aceitação do resultado como juízo atributivo sobre o comportamento do agente

O que significa, então, o julgamento de que o agente aprovou o resultado ou o aceitou, caso este julgamento seja entendido no sentido atributivo? Não significa, em todo o caso, qualquer condição psíquica do agente que acompanha o fato, algo no sentido de que, se o resultado ocorrer ou não, isso é indiferente para mim no momento da ação, ou ainda que, por mim, o resultado pode ocorrer tranquilamente, ou, por fim, que para mim é melhor que o resultado ocorra a ter de renunciar à prática do fato e às suas vantagens. Não se trata de um fato psíquico "bruto" para se postular pela atribuição, fato este que não se pode provar ou que efetivamente não está presente. Primeiramente, um fato psíquico bruto não é adequado como objecto de uma atribuição. Em segundo lugar, ele é, para o conteúdo de injusto do

27. *Puppe* NK (referência em nota nr. 15), § 15 nm. 71 e ss.; *Idem,* AT (referência em nota nr. 9), 9/5.
28. *Puppe* NK (referência em nota nr. 15) § 15, nm. 69 e ss.; *Idem,* ZStW 103 (1991), 1 (21 e s.).
29. ZIS 2017, 439 (440); a respeito, *Puppe* JR 2018, 323 (327).

dolo, completamente irrelevante. Como já vimos com os exemplos do caso da barraca de tiros de Lacmann e do nosso caso da disputa automobilística, a circunstância de os agentes não terem aceitado o resultado porque realmente queriam que este não ocorresse não é sempre fundamento para tratá-los de modo mais indulgente.[30] Se o risco que o agente conscientemente cria é tão elevado e aparente que um homem racional, no seu lugar, não o teria criado no caso de não aceitar o resultado, então, pelo contrário, configura mesmo um sinal de crassa indiferença em face do resultado que o agente coloque de lado a representação do risco, com o pensamento de que ficará tudo bem.[31]

Se interpretamos o comportamento do autor no sentido de fazer a censura de que ele se resignou com o resultado ou o aceitou, não nos comunicamos com ele no plano psicológico, mas sim no plano do entendimento sobre as normas. Neste plano, comunicamos uns com os outros quando nos relacionamos em contextos jurídicos, morais ou convencionais. Portanto, tratamo-nos reciprocamente como pessoas racionais, que nos seus comportamentos dão expressão **à**s normas reconhecidas como vinculantes.[32]

Dessa perspectiva, as descrições tradicionais do dolo eventual – de que o agente se resignou com o resultado, ou de que o aceitou –, obtêm um sentido claro, ou seja, o seu sentido literal. O comportamento do agente na situação individual será então interpretado no sentido de que ele aprovou o resultado e o aceitou, ou seja, que ele expressa a norma segundo a qual este resultado está autorizado (*sein darf*) nas circunstâncias dadas.[33] Podemos interpretar neste sentido o comportamento do autor que cria um risco claro, manifesto, e de tal grandeza para a ocorrência do resultado, que um agente racional, no seu lugar, somente o produziria se ele, no sentido mais literal da palavra, aprovasse o resultado.[34] Também se deixa interpretar neste

30. *Puppe* ZIS 2017, 439 (442).

31. *Puppe* NK (referência em nota nr. 15), § 15 nm. 68; *Idem,* ZStW 103 (1991), 1 (15).

32. *Puppe* ZStW 103 (1991), 1 (14 e ss.).

33. *Puppe* NK (referência em nota nr. 15), § 15 nm. 68; *Idem,* ZStW 103 (1991), 1 (14 e ss.).

34. *Puppe* NK (referência em nota nr. 15), § 15 nm. 68; *Idem,* ZStW 103 (1991), 1 (21 e s.).

sentido a ação do autor que está seguro da ocorrência do resultado na hipótese de obter ou procurar obter o seu objetivo de ação. Se é assim para este caso, tanto mais será para o caso do agente intencional que busca diretamente o resultado ilícito. Este é, assim, o critério comum a todas as formas de dolo.[35] Para o agente que atua com culpa consciente, admitimos, pelo contrário, que o risco conscientemente criado de produção do resultado ainda não deve ser interpretado como sua aprovação ou aceitação.[36]

7. Perigo doloso através da criação repetida de risco

Na discussão desenvolvida na Alemanha, cada transposição de cruzamento foi analisada separadamente, tendo-se indagado quantas tentativas de homicídio o autor teria cometido então na perspectiva do tribunal de primeira instância.[37] Só pode ter cometido uma, pois existia apenas o perigo de um único acidente, o qual teria acabado, desde logo, com a corrida. Portanto, precisamos considerar conjuntamente os riscos que o agente assumiu através de distintas ações perigosas, as quais poderiam eventualmente, qualquer uma delas, conduzir a um acidente fatal. Desta forma, o perigo gerado pelos agentes eleva-se de modo exponencial. Contudo, uma vez que os agentes não podiam saber em que cruzamento o acidente poderia ocorrer (se no primeiro, no quinto ou, como aconteceu, no décimo terceiro), inicia-se a tentativa já com a passagem pelo primeiro.[38] Coloca-se então a questão de saber se tal síntese de várias ações perigosas também é adequada quando elas não ocorrem numa curta relação de tempo. Imagine-se um proprietário de uma área florestal que quer incendiá-la a fim de obter mais terra cultivável, e que por isso repetidamente fuma na floresta e larga beatas de cigarro acesas no chão, ou também garrafas vazias, até que finalmente a floresta se incendeia. Também em tal caso é possível a síntese de todas as ações numa única tentativa de incêndio, o que representa um perigo doloso suficientemente elevado. Pois a floresta pode, afinal, arder apenas uma vez. O que sintetiza as

35. *Puppe* ZStW 103 (1991), 1 (15).
36. *Puppe* NK (referência em nota nr. 15), § 15 nm. 68.
37. *Walter* NJW 2017, 1350 (1352).
38. *Puppe* JR 2018, 323 (324).

várias ações do agente numa só unidade de ação são o resultado único e a decisão única.

De qualquer modo, ao menos no que se refere ao resultado a que se chegou, o caso da disputa automobilística ilegal em Berlim foi decidido de maneira correta pelo juízo de primeira instância. Como, todavia, o Superior Tribunal de Justiça da Alemanha sinalizou claramente que a aceitação de um dolo homicida era imprópria – mesmo que não o tenha dito diretamente –, é de esperar que a nova câmara criminal a decidir sobre o caso se posicione nesse sentido. Para a jurisprudência, o problema deverá estar resolvido, pois temos, entrementes, um novo tipo penal, as "disputas automobilísitcas ilegais nas ruas de tráfego", com pena máxima de até dois anos e, no caso de resultado morte, com pena máxima de até dez anos. Com isso a práxis pode viver no futuro e também nos libertamos das enfadonhas discussões sobre as circunstâncias qualificadoras do tipo de homicídio. Mas a solução do problema não pode ser a de criar um novo tipo penal para cada constelação na qual a doutrina dominante tenha dificuldades com o conceito de dolo, ou com a prova do dolo. Por exemplo, um tipo penal para a manipulação da lista de espera para a distribuição de órgãos doados; um tipo especial para o planejamento falho de grandes eventos, com resultado morte; um tipo especial para a entrega de medicamentos para o cancro adulterados no hospital etc. Esta tem sido, até ao momento, a estratégia do nosso legislador. Ocorre que tais problemas fundamentais, de entre os quais a correta determinação do dolo, precisam ser solucionados de maneira universal e com validade absoluta.

8. Indícios e indicadores

Como deve então o tribunal responsável pela instrução criminal determinar o dolo eventual, e em que medida deve esta determinação submeter-se à análise por parte do tribunal de recurso? Na visão do Superior Tribunal de Justiça da Alemanha, o conteúdo intelectual do dolo eventual é um mero fato psíquico, o qual deve ser determinado e sujeito à prova pelo tribunal responsável pela instrução com os meios do processo penal.[39] "É igualmente matéria do tribunal de instrução

39. BGH NStZ 2018, 37 (38 e s.); NStZ 2016, 668 (669 e s.); NStZ 2016, 670 (671 e s.); NStZ 2013, 581 (582); BGH NStZ-RR 2013, 75 (77); BGH

valorar o significado e o peso de cada indício, que onere ou desonere, numa avaliação global dos resultados probatórios".[40] Se a constatação do dolo eventual fosse uma constatação sobre fatos, isto seria correto. Uma constatação comprova-se com indícios fáticos. Indícios são fatos que vinculam em maior ou menor medida a conclusão acerca da verificação do fato a ser constatado, mas que, em termos de conteúdo, nada têm de comum com este. Marcas de pneus numa rua são um indício de que há pouco tempo um automóvel travou bruscamente. Este fato, portanto, é um indício de que o motorista dirigia com velocidade excessiva e diante de um obstáculo repentino, talvez um ciclista ou um pedestre, precisou travar bruscamente. Mas, em termos de conteúdo, o fato de que o motorista conduziu muito rapidamente não tem nada que ver com as marcas de pneu deixadas na pista. Se um fato, de modo justificado, deve ser considerado como indício para outro fato, é algo que depende de regras gerais da experiência, especialmente das ciências naturais. Neste tocante, não existe nem uma necessidade, nem uma autorização, para se determinar ou restringir, juridicamente, o indício aplicável no caso concreto. É, portanto, assunto do tribunal de instrução criminal procurar, no caso individual, indícios que permitam alcançar uma conclusão "pró" ou "contra" o fato juridicamente relevante. Se os indícios se contradizem, então é tarefa do tribunal de instrução, na livre apreciação da prova, decidir em que indício, talvez um testemunho, ele quer acreditar. Esta apreciação da prova submete-se apenas num sentido muito limitado à instância de recurso – nomeadamente, quando viola regras de lógica ou as regras gerais da experiência, ou se demonstra uma lacuna de pensamento. Se, como diz o Superior Tribunal de Justiça da Alemanha, se trata de um simples fato e da sua prova, então o Superior Tribunal de Justiça não pode, de modo algum, fazer prescrições ao tribunal de origem acerca de quais os fatos que devem ser valorados como indícios para o dolo eventual. Isso seria uma intervenção grave na livre apreciação da prova do tribunal responsável pela instrução criminal.

Contudo, como já demonstramos, o Superior Tribunal de Justiça da Alemanha faz isto constantemente. Pode-se duvidar, portanto, se o

NStZ-RR 2013, 89 (90); BGH, Urt. v. 17.7.2013, 2 StR 139/13; BGH, Urt. v. 4.4.2013 – 3 StR 37/13.

40. BGH NStZ RR 2013, 89 (90); BGH NStZ 2018,37 (39).

Tribunal realmente leva a sério a sua tese de que o dolo eventual é um simples fato psíquico, que pode ser constatado com meios de prova forenses. Como já vimos, tal fato psíquico não se verifica, em regra, na cabeça do agente. Assim, o resignar-se, ou o levar a sério o risco, somente podem ser compreendidos com sentido como sendo juízos atributivos sobre o comportamento do agente na situação concreta. Todavia, num juízo atributivo, os fundamentos a partir dos quais se procede à atribuição – isto é, os indicadores – mantêm com ela uma relação diversa da que mantêm os indícios com o estabelecimento de um fato. Os indicadores codeterminam o sentido da afirmação atributiva.[41] Nesta medida, os indicadores relacionam-se com a atribuição do mesmo modo que os fatos valorados se relacionam com uma valoração.[42] Enquanto os indícios, que permitem a inferência de um fato, são fundamentados empiricamente, os indicadores, com os quais se fundamenta uma atribuição, precisam ser justificados normativamente. É uma questão empírica a de saber se um determinado indício comprova um fato por meio de leis gerais ou regras empíricas. A questão de saber se determinado indicador justifica uma atribuição é uma questão jurídica. Por isso, os indicadores que falam a favor ou contra uma atribuição jurídica devem ser determinados, legitimados e delimitados pelo Direito.[43] Na medida em que os indicadores codeterminam o sentido da afirmação da atribuição, a sua legitimação é uma questão de interpretação e, portanto, uma tarefa do tribunal de recurso. O tribunal de recurso precisa estabelecer, de modo resolutivo, as regras a partir das quais o tribunal de instrução criminal declara uma atribuição. O tribunal de instrução tem de se conduzir por essas regras. A tarefa do tribunal de instrução é apenas comprovar aqueles fatos a partir dos quais a atribuição pode ser fundamentada segundo regras gerais de Direito, ou seja, os denominados indicadores.

41. *Hassemer* Kaufmann-GS, 1989, 289 (304); *Roxin* AT/1 (referência em nota nr. 4), 12/34; *Puppe* GA 2006, 65 (67).

42. Sobre valorações, *Puppe* Kleine Schule des juristischen Denkens, 3. Aufl. 2014, p. 36 e ss.; *Idem,* NStZ 2012, 409 (412 e s.).

43. *Puppe* Kleine Schule (referência em nota nr. 42), p. 48 e ss.; *Idem,* NStZ 2012, 409 (413 e s.).

4

CONCEPÇÕES ACERCA DO CONCEITO DE DOLO EVENTUAL*

Cansados da disputa acerca da correta formulação do denominado elemento volitivo do dolo eventual, voltaram-se sobretudo os teóricos volitivistas à questão dos indícios ou indicadores do dolo. O problema não se situa no conceito de dolo, mas sim em sua prova, e com este reconhecimento também se considera ser possível superar a "paralisante alternativa" entre as teorias cognitivas e volitivas. Isso é uma perigosa ilusão. O olhar para os indicadores do dolo, por mais importante que seja, não poupa uma decisão acerca do sentido do conceito. Apenas o sentido do conceito delimita e legitima a escolha e o peso dos indicadores. Sem uma delimitação dos indicadores do dolo determinada pelo sentido, ameaça um Direito Penal de caráter codeterminado por desideratos político-criminais.

1. Conceito de dolo e prova do dolo

"O ponto central, no âmbito da problemática do dolo é, portanto, como cada vez mais se tem reconhecido, não a pesquisa no aspecto

* *Begriffskonzeptionen des dolus eventualis*. Artigo publicado originalmente em Goltdammer's Archiv für Strafrecht, 2006, pp. 65-79 – Trad. Wagner Marteleto Filho e Beatriz Corrêa Camargo.

Este texto consiste na publicação prévia de minha contribuição ao Livro em Homenagem a Manoledakis.

conceitual, mas sim no aspecto processual". Essa frase foi escrita por *Prittwitz* já em 1993.[1] Essa tendência foi, desde então, desenvolvida e fortalecida. A pergunta sobre o que é o dolo, especialmente o dolo eventual, e sobre como ele se diferencia, conceitualmente, da negligência, foi deslocada para a pergunta em face de quais sinais externos reconhecíveis, indicadores ou indícios, se deve reconhecer o dolo no processo penal.[2] São sobretudo os teóricos volitivistas, e aqueles autores que procuram a distinção entre o dolo eventual e a culpa consciente em um elemento volitivo, aqueles que trilharam este caminho.[3]

Ao contrário de uma classificação amplamente defendida, *Frisch* pertence igualmente a esse conjunto de autores. Isso porque, para ele, o dolo também depende de que o agente não apenas tenha reconhecido o perigo, mas que "o tenha visto assim para si". De acordo com essa concepção, a certeza subjetiva de que o resultado, desta vez, por qualquer fundamento que seja, não irá ocorrer, exclui o dolo, mesmo "se esta convicção subjetiva, em conexão com a possibilidade primeiramente visualizada, tenha se tornado totalmente irracional e sem fundamento".[4] Portanto, *Frisch* aproxima-se, sobretudo, da versão da denominada teoria da representação, desenvolvida por *Schmidhäuser*. Para esta teoria, o agente atua dolosamente se ele "suporta" o perigo, mas atua culposamente se ele, tendo reconhecido primeiramente o perigo, o repele depois, no momento da execução da ação.[5] Também esta teoria da representação não faz, enfim, o dolo depender de um ato de conhecimento do agente, mas sim de um posicionamento interno, ao qual o agente relaciona este conhecimento.[6] Por essa razão, essa teoria será considerada aqui como uma teoria volitiva, a qual professa a regra de que o dolo é conhecimento

1. *Prittwitz* Strafrecht und Risiko, Untersuchungen zur Krise von Strafrecht und Kriminalpolitik in der Risikogesellschaft (1993), 359.

2. *Hassemer* GS-Arm. Kaufmann, 289, 304 e s.; *Frish* GS-H, Meyer (1990), 533, 550 e ss.; *Volk* FG-BGH (2000), 739, 745 e ss.

3. *Hassemer* GS-Arm. Kaufmann, 289, 297; *Volk* FG-BGH, 739, 745.

4. *Frisch* GS-Meyer, 533, 545; para uma autoclassificação, p. 546 e s.

5. *Schmidhäuser* GA 1957, 305, 310; *Idem* StuB AT 7/100; *Ibidem,* JuS 1980, 241, 244 e ss.; *Jescheck/Weigend* § 29 III 3; *Roxin* AT/1 12/27; SK-*Rudolphi* §16 nm. 43; *Stratenwerth/Kuhlen* AT 8/117.

6. NK-*Puppe* §15 nm. 46, *Idem* ZStW 103 (1991), 1 e ss.

e vontade[7] e que, portanto, para o caso do dolo eventual, para o qual já não se lida com a vontade no sentido cotidiano da palavra, vai procurar por um substituto da vontade, o qual independe, em princípio, do conteúdo do conhecimento do agente acerca da espécie e medida do perigo.[8] Mas, aparentemente, para os teóricos volitivistas, a disputa acerca da fórmula correta para esse elemento volitivo do dolo se tornou cansativa, uma vez que sempre são apresentadas novas fórmulas, não sendo claro se estas têm, efetivamente, conteúdos distintos. O agente atua com culpa consciente, e não dolosamente, se ele, no momento decisivo, repele[9] o risco conhecido do resultado, o deixa de lado,[10] se confia seriamente que ele não ocorrerá,[11] ou ainda, mesmo que sem qualquer fundamento racional, se está firmemente convencido de que o resultado não acontecerá?[12] O elemento volitivo do dolo consistiria, então, em que o agente aprova o resultado no sentido jurídico;[13] resigna-se com sua ocorrência (*in Kauf nimmt*[14]);[15]

7. SK-*Rudolphi* §16 nm. 41; *Roxin* AT/1 12/61; *Maurach/Zipf* AT/I 22/35; *Brammsen* JZ 1989, 71,78; *Canstrari* GA 2004, 210, 216 e ss.; *Hassemer* GS-Arm. Kaufmann, 289, 297; *Küper* GA 1987, 479, 507 e s.; *Küpper* ZStW 100 (1988), 758, 764; *Prittwitz* StV 1989, 123 e s.

8. NK-*Puppe* § 15 nm. 30; *Idem* ZStW 103 (1991), 1, 13 e s.; *Ragues I Valles* GA 2004, 257, 258 e s.

9. *Schmidhäuser* GA 1957, 305, 312; *Idem* JuS 1980, 241,244 e ss.; *Roxin* AT/1, 12/23.

10. *Stratenwerth* ZStW 71 (1959), 51, 56.

11. BGHSt 36, 1, 16; 36; 262, 267; NStZ 1983, 407; 1984, 19; 1986, 549, 550; 1987, 424; 1991, 126; 1992, 384.

12. *Frisch* GS-Meyer, 533, 545; mas já, antes dele, *v. Liszt/Schmidt* Lb. (1922), 174, 185 – nota de rodapé 2 (julgamento assertórico), como também *Schröder* FS-Sauer (1949), 207, 237.

13. RGSt 72, 36, 43; 76, 115, 115; BGHSt 7, 363, 369; 21, 283,285; 36, 1, 9; BGH NJW 1963, 2236, 2237; NStZ 1994, 584; StV 1998, 127, 128.

14. (N.T.): A respeito desse termo não houve consenso entre os tradutores, cada um com boas razões para sustentar a própria posição e para reconhecer as limitações existentes. Ocorre que as expressões "*in Kauf nehmen*" ou "*billigend in Kauf nehmen*" não têm tradução direta para o português. Têm o sentido literal de "tomar em compra" ou "tomar aprovadoramente em compra", e a conotação de aprovar algo, em si mesmo, não desejado. Na Alemanha, a expressão era utilizada em sua origem para indicar a situação em que o consumidor adquiria um produto e acabava por aceitar comprar outro em conjunto, que não pretendia adquirir. Em Portugal, Maria Fernanda Palma utiliza a expressão "tomar em compra" em sua obra *Direito Penal, Parte Geral. A teoria geral da*

conforma-se com o resultado;[16] o aceita para si;[17] se apropria dele;[18] o vê-assim-para si,[19] ou julga para si como válido que o resultado não é improvável.[20] Sob a alegação de que todas essas descrições do estado interno do agente são inacessíveis à observação direta,[21] os teóricos volitivistas passam da questão acerca do conceito do dolo eventual, para a questão acerca de sua prova; eles procuram por indicadores do dolo observáveis, pelos quais, na aplicação prática e na subsunção imediata, o elemento volitivo do dolo deve ser substituído.[22]

Contudo, que na determinação do dolo eventual se lide com fatos internos, que não são diretamente observáveis, não constitui razão suficiente para essa aversão ao conceito de dolo. Os tribunais também devem determinar fatos internos, e, sem dúvida, operam

infracção como teoria da decisão penal. 3ª ed. Lisboa: AAFDL, 2017, p.139 Coimbra: Almedina, 2017. Essa expressão possui a vantagem de resguardar o sentido técnico originário da ideia que representa. Além disso, "tomar em compra" permite, no português, a manutenção de certa neutralidade em relação às diversas modificações que a expressão teve ao longo da história das teorias do dolo na Alemanha, ora figurando como elemento relativo à cognição do agente, ora figurando como elemento relativo ao componente emocional do agente. Para a presente tradução, optamos pela expressão "resignar-se", como o faz Ramón Ragués y Vallès: *El dolo y su prueba en el proceso penal.* Madrid: Bosch, 1999, p. 61. Apesar de não resguardar a referida neutralidade, o verbo "resignar-se" corresponde ao atual sentido dado pela dogmática alemã à expressão "*in Kauf nehmen*", isto é, como uma atitude emocional do sujeito no contexto de uma teoria volitiva do dolo. Nesse sentido se posicionou a própria autora em conversa a respeito do trabalho de tradução. Expressão alternativa é utilizada por Luís Greco, que traduz "*billigend in Kauf nehmen*" como "assunção aprovadora do risco" na obra de Puppe, *A distinção entre dolo e culpa.* (trad. Luís Greco). São Paulo: Manole, 2004. Contudo, "resignar-se" nos parece ainda preferível na medida em que é mais palatável e claro ao leitor, evitando-se confusões com a redação do artigo 18, I, do Código Penal.

15. *Baumann/Weber/Mitsch* AT 20/53.

16. *Roxin* AT/1 12/27; SK-*Rudolphi* 16/43; *Ambrosius* Untersuchung zur Vorsatzabgrenzung (1966), 70 e s.; *Jescheck/Weigend* AT, §29 III 3 a.

17. BGH NStZ 1988, 175; *Frisch,* Vorsatz und Risiko (1983), 192 e ss.

18. *Schroth* (1994), 116 e ss.

19. *Frisch* GS-Meyer, 533,544; *Idem,* Vorsatz und Risiko (1983), 192 e ss.

20. *Jakobs* AT 8/23.

21. *Hassemer* GS-Arm. Kaufmann, 289, 304.

22. *Hassemer* GS-Arm. Kaufmann, 289,304 e s.; *Frisch* GS-Meyer, 533, 550 e ss.; *Volk* FG-BGH, 739, 745 e ss.

subsunções diretas de fatos relativos a conceitos tais como a intenção de apropriação, a intenção de enriquecimento, ou a atuação para fins de se possibilitar a prática de um delito.

O problema da subsunção sob o conceito do dolo eventual no sentido da teoria da vontade é outro: em que pesem todos os esforços, não foi possível obter um sentido claro para o elemento volitivo reivindicado para o dolo eventual. Afirmações razoavelmente claras são feitas apenas acerca daquilo que o elemento volitivo não é: ele não é um julgamento moral positivo acerca sobre a própria ação, ou seja, não é aprovação.[23] Ele não é o desejo do resultado, mas também não é indiferença face a ele. Formulações como "resignar-se", "aceitar", "conformar-se", pressupõem justamente que o agente não é indiferente em relação ao resultado, mas sim que a representação de sua ocorrência é no mínimo desagradável para ele. Quem não tem que pagar por si o preço, também não se resigna com ele. Quem é indiferente ao resultado ou o recebe bem, não precisa aceitá-lo, nem se conformar com ele.

E, contudo, nenhum teórico volitivista irá negar o dolo do agente com o fundamento de que este foi completamente indiferente em relação ao resultado, ou o que o resultado lhe era bem-vindo. Estas fórmulas também não são tomadas em sentido literal, mas significam exatamente o mesmo que a "aprovação em sentido jurídico". Após a revisão de todas estas tentativas de determinação do elemento volitivo do dolo eventual, *Hassemer* chega, então, ao seguinte resultado: o que a tradicional teoria do dolo oferece não é mais do que uma paráfrase confusa do dolo, a qual gira em torno do seu objeto, sem apreendê-lo.[24] Portanto, ele quer, através da especificação dos indicadores do dolo, não apenas fornecer uma instrução acerca da determinação e da prova do dolo, mas sim determinar o sentido do próprio conceito. "Os indicadores não devem ser separados do conceito de dolo, uma vez que apenas eles tornam o conceito aplicável: eles pertencem a ele".[25] A esse respeito, *Hassemer* explica que "sem uma conclusão acerca dos indicadores não podemos saber nada sobre o dolo: nada acerca de

23. *Hassemer* GS-Arm. Kaufmann, 289, 297; *Roxin* AT/1 12/34; visão ainda distinta, defenda talvez somente *Müller,* NJW 1980, 2390, 2393.
24. *Hassemer* GS-Arm. Kaufmann, 289, 302.
25. *Hassemer* GS-Arm. Kaufmann, 289, 304.

sua fundamentação, e nada sobre sua exclusão".[26] No mesmo sentido, cerca de dez anos depois, *Volk* explica com o exemplo do dolo eventual a tese de "quando um argumento, analisado isoladamente, não puder ser caracterizado de forma inequívoca e por si só como parte de uma definição ou como regra de prova, não pode o mesmo ser utilizado inequivocamente pelo direito material ou processual".[27]

Na teoria da definição científica, é reconhecido como método de definição de um conceito empírico a indicação de um procedimento com cujo auxílio se pode determinar de modo inequívoco, para todo objeto, se ele preenche, ou não, esse conceito. Assim, em relação a materiais pode-se definir o conceito "mais duro que" da seguinte forma: um material é mais duro que outro se alguém pode, com a sua ponta, arranhar a superfície deste outro material.[28] Trata-se de uma pergunta difícil desde uma perspectiva linguístico-filosófica saber se tal definição é satisfatória para cada contexto de sua utilização. Sem dúvida, a comprovação da frutose com a *Reação-Fehling* é um conhecimento empírico. Contudo, se na apresentação desse procedimento a palavra "frutose" for substituída por mais uma descrição da *Reação-Fehling* como sua definição, o que se obtém é uma tautologia, ou seja, uma frase com outra ou algo sem sentido algum. Se o jurista tivesse, porém, um procedimento com o qual ele pudesse decidir inequivocamente, para qualquer caso, se o conceito de dolo eventual está preenchido ou não, então ele não precisaria mais, na prática, de qualquer reflexão acerca do sentido deste conceito.

Uma enumeração dos indicadores do dolo, que substitua uma definição conceitual geral do dolo e que deva torná-la dispensável, necessita, para *Hassemer*, preencher as seguintes exigências: ela deve ser completa, ou seja, enumerar, para o caso individual, todos os indicadores que falam em favor e contra o dolo; e os indicadores devem, por seu turno, ser determináveis através da observação e ser relevantes para o dolo.[29] Mas essa concepção do dolo precisaria ainda oferecer algo mais: ela precisaria indicar um procedimento de

26. *Hassemer* GS-Arm. Kaufmann, 289, 304.
27. *Volk* FG-BGH, 739, 746.
28. *Hempel/Oppenheim* Der Typusbegriff im Licht der neuen Logik (1936), 81.
29. *Hassemer* GS-Arm. Kaufmann, 289, 304.

"compensação" dos indicadores que devam falar em favor do dolo juntamente com aqueles que devam falar contra a sua admissão. Não é coincidência que nenhum dos autores que defendem essa modificação fundamental de paradigma, que vai de um conceito geral de dolo para os indicadores do dolo, tenha seriamente ousado desenvolver tal determinação conceitual do dolo.[30] O único que se encarregou da tarefa de desenvolver um conceito "multicriterial" de dolo, que se baseia nos indicadores do dolo, foi *Phillips.*[31] De fato, *Phillips* não se declara expressamente partidário do recurso de substituir o conceito de dolo pelos indicadores do dolo, mas a "árvore de decisão", que deve representar o fundamento para a decisão sobre o dolo e a culpa no caso individual, é construída a partir deste princípio. Os ramos individuais desta árvore recaem ou nos indicadores favoráveis, ou nos indicadores contrários aos distintos elementos conceituais que são propostos pelas teorias do dolo em disputa. No nível intermediário emergem, então, critérios como a consciência do perigo na situação, a proteção em relação ao perigo, a emoção como fundamento do fato ou tendências contrárias a ele, todos em um mesmo plano. No nível mais baixo, no qual o conceito de dolo deve ser diretamente vinculado ao caso individual, aparecem indicadores como: o uso de arma letal; partes letais do corpo como alvo do ataque; preparação detalhada do fato; a consciência do risco enquanto *expert* ou pela instrução; o fato de a situação estar sob controle do agente ou da vítima; complicadas circunstâncias do fato; déficit intelectual do agente; influência de álcool ou drogas; surpresa em face da ocorrência do resultado; posição hostil em relação à vítima. A "árvore de decisão" não demanda qualquer pretensão de completude. Ela pode ser mais ou menos densa. Os critérios de cada nível da árvore podem derivar de todas as fontes disponíveis, da jurisprudência como também da teoria. Ainda quando elas se contradigam em suas concepções fundamentais, todas as teorias são aplicadas nessa árvore, sendo suficiente para isso que haja "alguma substância" em seus critérios.[32]

30. *Hassemer* GS-Arm. Kaufmann, 289, 307; *Volk* FG BGH, 739, 747 e s.; *Frisch* GS-Meyer, 533, 554 e ss.

31. *Phillips* An der Grenze von Vorsatz und Fahrlässigkeit, ein modell multikriterieller computergestützer Entscheidungen, FS-Roxin (2001), 365 e ss.

32. *Phillips* FS-Roxin, 365, 367.

Assim, é evidente que também *Phillips* quer superar a "paralisante alternativa" entre as teorias volitivas e as teorias cognitivas através do recurso aos indicadores do dolo.[33]

Os indicadores do nível mais baixo da "árvore de decisão" devem, literalmente, ser calculados com o auxílio de um computador, por meio de um programa desenvolvido especialmente para este objetivo, baseado nos conhecimentos de cálculos probabilísticos e da Lógica-Fuzzy.[34] Para este objetivo, os indicadores individuais do nível mais baixo devem receber valores numéricos, algo entre 0 e 1, a depender da extensão de sua presença no caso individual.[35] Naturalmente, tais valores apenas podem ser determinados conforme uma estimativa intuitiva. O modo como esses valores prefixados afetam o resultado, ou como o afetariam, se o aplicador do direito introduzisse um novo indicador à sua "árvore de decisão", ou se excluísse um indicador, é algo que o aplicador do direito não pode predizer, pois isso o próprio computador deve fornecer com o auxílio de um complicado programa de cálculo. Portanto, o último passo deste processo complexo consiste na submissão do resultado ao sentimento jurídico do aplicador do direito. Caso o resultado não se adeque ao seu sentimento jurídico, o aplicador do direito é obrigado a modificar o valor inicial do programa de cálculo até que o resultado corresponda ao seu sentimento e passe no teste.[36] Mas qual valor cognitivo possui um complexo sistema de cálculo, se, ao final, o sentimento mais ou menos espontâneo decide, como última instância, acerca da correção do resultado? Um complicado processo de cálculo só possui sentido caso o valor inicial, do qual se parte, seja determinável de maneira exata. Se os valores iniciais são apenas estimados, então as imprecisões desta estimativa já afetam o processo de cálculo de forma literalmente incalculável. Portanto, já que se faz necessário avaliar, não apenas é mais prático, como também é mais racional avaliar desde logo o resultado final.

33. *Hassemer* GS-Arm. Kaufmann, 289, 295; tendencialmente assim, também *Frisch* GS-Meyer, 533, 546.

34. *Philipps* FS-Roxin, 365, 370 e ss.

35. *Philipps* FS-Roxin, 365, 368.

36. *Philipps* FS-Roxin, 365, 377.

Sobretudo, resta ademais a questão de se saber por quais parâmetros esse sentimento jurídico irá julgar como última instância, uma vez que, afinal, os critérios de todas as concepções teóricas do dolo são igualmente incluídos na "árvore de decisão". Presumivelmente, o aplicador do direito, já esgotado em face da abundância dos indicadores e de sua avaliação, julgará ao fim sobre se o agente, após uma análise conjunta intuitiva de todos os indicadores, merece receber a pena do dolo ou não. Logo, para se poder avaliar a última decisão sobre o dolo e a culpa a partir de critérios de correção, quaisquer que sejam eles, é necessário decidir entre as distintas concepções teóricas do dolo. Deste modo, se há algo que o trabalhoso experimento mental de *Philipps* ensina, é isto: que o recurso aos indicadores do dolo, por mais importante e instrutivo que ele possa ser, pode, quando muito, preparar a decisão da questão teórica sobre o que é o dolo, mas não pode realmente substituir essa decisão.

2. Dolo eventual como conceito tipológico

A concepção do dolo eventual como conceito tipológico (*Typusbegriff*) é relacionada com o modelo multicriterial apresentado há pouco, na medida em que ela também parte do pressuposto de que as características do dolo são conceitos graduáveis, e que os valores que estes, em uma escala valorativa, alcançam no caso concreto, precisam ser "calculados" em conjunto. Contudo, em oposição ao modelo de decisão multicriterial, que em seu ponto de partida rejeita o antagonismo entre teorias cognitivas e volitivas do dolo, esse conceito tipológico parte de uma determinada concepção teórica do dolo. Assim, o dolo, como conceito graduável, apresenta um elemento volitivo e um elemento cognitivo. Quanto mais forte o elemento cognitivo se fizer presente no caso individual, tanto menor a medida em que o elemento volitivo deve estar presente, e vice-versa.[37]

Antes, esse pensamento era aplicado no sentido de juntar sob um conceito comum as distintas formas do dolo (isto é: o propósito,[38]

37. Neste sentido, *Schünemann* Vom philologischen und typologischen Vorsatzbegriff, FS-Hirsch (1999), 363, 372; anteriormente a ele, *Haft* ZStW 88 (1976), 368, 385 e ss.

38. (N.T.): A palavra "*Absicht*" pode ser traduzida como "propósito" ou "intenção". Aqui, optamos pelo substantivo "propósito", no geral mais comum

o dolo direto de segundo grau e o dolo eventual), o que era feito sobretudo no que diz respeito às duas primeiras formas de dolo. Assim, enquanto o elemento volitivo predominaria na forma caracterizada pelo propósito, no dolo direto de segundo grau o elemento volitivo seria substituído pelo elemento cognitivo predominante nessa segunda modalidade.[39] Entrementes, reconheceu-se que neste cálculo há um erro escondido. Com efeito, o elemento cognitivo do dolo direto de segundo grau não é a certeza de que o agente irá produzir o resultado punível caso ele atue, mas, sim, apenas a certeza de que este resultado está vinculado de modo quase que necessário ao alcance do objetivo pretendido pelo agente com sua ação.[40] No mais, a ocorrência do resultado pode ser incerta para o agente. Essa certeza do agente de que o resultado punível ocorrerá desde que ele alcance seu objetivo, substitui, realmente, o elemento volitivo do dolo, mas não porque esta certeza, tomada em absoluto, tenha um grau tão alto, mas sim porque ela vincula o resultado ao objetivo da ação do agente de modo inseparável. No sentido de um conceito normativo de vontade, o agente deve ser censurado porque ele quis igualmente o resultado ao decidir alcançar o seu objetivo de ação com o emprego deste método em particular. Em outras palavras, ele não pode se esquivar da censura de que ele causou o resultado dolosamente, nem pode invocar que ele realmente não quis o resultado, ou que este não interessava para ele.[41] Quem explode no ar o avião de seu adversário político, não pode se defender da censura de que matou também dolosamente os tripulantes do avião sob o argumento de que a morte destes não interessava para ele.

Uma questão totalmente diversa é saber se não poderia ser admitida tal relação de compensação entre o elemento volitivo e o

em português, a fim de demarcar o sentido filosófico que existe em torno da ideia de "intenção". De todo modo, é importante que fique claro ao leitor que o termo "*Absicht*" corresponde, no Direito Penal alemão, à modalidade do dolo direto de primeiro grau.

39. Compare-se ainda, recentemente, *Heinrich* AT/1 (2005) nm. 278; *Jescheck/Weigend* AT § 29 III 2; MüKo-*Joecks* § 16 nm. 34; *Scheffler* Jura 1995, 349, 353.

40. NK-*Puppe* § 15 nm. 110 e s.; *Jakobs* AT 8/18; *Roxin* AT/1 12/18; Schönke/Schröder-*Cramer/Sternberg-Lieben* § 15 nm. 68; SK-*Rudolphi* § 16 nm. 37.

41. NK-*Puppe* § 15 nm. 24; *Lackner/Kühl* § 15 nm. 21; *Roxin* AT/1 12/14.

elemento cognitivo também no âmbito do conceito do dolo eventual. A se seguir essa concepção, o conceito de dolo se aplicaria, no caso concreto, tanto na situação em que o agente considera muito provável a ocorrência do resultado na hipótese de realizar sua ação ou alcançar seu objetivo, embora não se identifique internamente com esta possibilidade, como também encontraria aplicação na situação em que o agente considera o resultado altamente improvável mas, para o caso de sua ocorrência, o recebe de modo indiferente, ou até mesmo o deseja.

Uma tal concepção de dolo eventual como conceito-tipológico defende *Schünemann*,[42] para quem é importante, todavia, que nenhum destes elementos do dolo faltem completamente, ou seja, possam alcançar o valor 0 (zero). Assim, mesmo se o agente considerar o resultado, no caso de sua ação ou do alcance do objetivo, como sendo próximo da certeza, ele precisa consentir em certo grau com o resultado para atuar dolosamente. E mesmo se o agente estiver, internamente, totalmente de acordo com a ocorrência do resultado, ou se chega a desejá-lo, ou até a buscar esse resultado, para atuar dolosamente ele precisa ter a representação de um grau mínimo de probabilidade de que o resultado ocorrerá.[43] Deste modo, as concepções teórico-volitivas do dolo discutidas até agora distinguem-se da concepção do conceito tipológico de dolo em primeiro lugar porque, para esta última, não se cogita o dolo no caso da representação de uma probabilidade muito baixa pelo do agente. Contudo, o agente também pode se esquivar da censura do dolo quando, diante de uma expectativa quase certa do resultado, ele não se posicione internamente perante a possibilidade de ocorrência do resultado, repila essa possibilidade ou a recuse emocionalmente.[44] Isso porque, nestas situações, tampouco o grau mínimo do elemento volitivo estará preenchido.

Em face das concepções anteriormente abordadas, esse conceito tipológico do dolo tem primeiramente a vantagem de que também seu elemento volitivo tem um sentido claro, justamente porque ele é graduável. O que não fica claro é a definição sobre qual a relação

42. *Schünemann* FS-Hirsch (1999), 363, 373; neste sentido, ainda que sem utilizar a expressão "conceito tipológico", já *Haft* ZStW 88 (1976), 386 e ss.
43. *Schünemann* FS-Hirsch, 363, 373.
44. Em outro sentido, *Haft* ZStW 88 (1976), 378 e ss.

psíquica do agente com o resultado indicada por meio de expressões como "aprovar no sentido jurídico", "resignar-se", "conformar-se", "apropriar-se" etc. Entendido como conceito graduável, o elemento volitivo do dolo significa que o resultado pode em maior ou menor grau ser bem recebido pelo agente ou ser mal recebido por ele. No meio desta escala se encontra a completa indiferença do agente com a ocorrência do resultado. Outra vantagem do conceito tipológico do dolo reside em que ele confere um *status* autônomo ao elemento cognitivo no conceito de dolo, elemento este que consiste na representação do agente quanto ao fato de criar um risco de maior ou menor grandeza de ocorrência do resultado. Para as teorias volitivas, em contrapartida, o elemento cognitivo nada mais é do que um indício para aquilo que decide acerca de tudo, ou seja, a aprovação no sentido jurídico, a qual pode ser refutada por uma esperança, ainda que irracional, de ausência do resultado. Para este conceito tipológico de dolo também está excluída a possibilidade de aceitar o dolo do agente que criou um perigo muito baixo e não pretendia a ocorrência do resultado, como aconteceu no primeiro julgado sobre AIDS.[45]

A forma original da teoria cognitiva do dolo – a teoria da probabilidade – falhou na graduabilidade do seu conceito de dolo. Hoje em dia, o fracasso dessa forma originária da teoria é reconhecido amplamente sob o argumento de que existe uma transição fluída entre a criação consciente de um alto e de um baixo risco de resultado, transição essa que não permite qualquer delimitação entre o dolo e a culpa.[46] É possível reduzir de modo relevante tal imprecisão na aplicação prática de um conceito caso se introduza um segundo critério de graduação, o qual se vincula ao primeiro através de uma lei comparativa: um dos elementos pode se apresentar tanto mais fraco, o quanto mais forte o outro esteja configurado. Então o problema da imprecisão se reduz aos casos em que ambos os elementos se manifestem na linha de fronteira.[47] Mas por mais tentador que possa ser

45. BGHSt 36, 1, 9 e ss.

46. Schönke/Schröder-*Cramer/Sternberg-Lieben* § 15 nm. 76; *Jescheck/ Weigend* AT § 29 III 3d) aa); *Stratenwerth/Kuhlen* AT § 8 nm. 114; *Wessels/ Beulke* AT nm. 218.

47. *Puppe* GS-Arm. Kaufmann, 15, 31 e ss.

semelhante solução do problema da transição conceitual,[48] problema este que os juristas desde sempre vivenciaram, ainda se faz necessário justificar, jurídica e eticamente, esse elemento volitivo graduável, compreendido de forma autônoma em relação à representação do risco por parte do agente. É preciso justificar que um agente que realiza conscientemente um risco elevado, não atua dolosamente caso o resultado seja muito mal recebido por ele, e que alguém que realiza um risco muito baixo deve receber a pena do dolo quando o resultado, que ele não pretendia, lhe for muito bem-vindo.

Essa atitude de boa recepção do resultado como elemento do dolo não se deixa justificar, de qualquer forma, a partir de um conceito de vontade no sentido natural que seja idêntico ao conceito de propósito, e por isso não equivale tampouco à forma do dolo como propósito. Ela não é uma forma mais fraca da vontade no sentido da linguagem cotidiana. É possível que alguém realize um resultado de forma proposital a fim de servir a um "objetivo mais elevado", sendo-lhe, o resultado mesmo, indesejável. O Bruto do drama shakespeariano tinha sentimentos desagradáveis ao pensar na morte de César. Contudo, ele quis a sua morte de modo induvidoso. A forma do dolo direto de segundo grau, como "conhecimento" (*Wissentlichkeit*), depõe literalmente contra um elemento volitivo para o dolo eventual. O agente que atua na consciência de que o resultado está vinculado de modo certo ou quase certo ao objetivo pretendido não será ouvido com a defesa de que ele não quis e não desejou o resultado, uma vez que se decidiu igualmente pela produção do resultado a fim de realizar seu propósito. Sendo assim, por que deveria ele, então, ser ouvido com essa mesma defesa, de que não quis o resultado, no caso em que a probabilidade da vinculação entre o objetivo e o resultado seja um pouco menor? No mais, a doutrina dominante também compartilha o problema da transição fluída da teoria da probabilidade, ainda que em outro lugar, vale dizer, na transição entre o dolo direto de segundo grau e o dolo eventual.

Segundo a doutrina talvez dominante na atualidade, o dolo deve ser constituído pela censura de que o agente se decidiu, afinal, pela produção do resultado, reprovação a qual deve estar presente

48. Já assim *Radbruch*, Klassenbegriffe und Ordnungsbegriffe, in: Internationale Zeitschrift für Theorie des Rechts, 1938, p. 46 e ss.

em todas as três formas do dolo.[49] Mas essa censura sobre a decisão pelo resultado tem no dolo eventual um sentido completamente diverso do que nos casos de dolo como propósito e de dolo direto de segundo grau. Nas duas primeiras formas do dolo, é decisivo, apenas, aquilo que o agente fez de modo consciente. Para o dolo eventual, de acordo com a teoria volitivista do dolo, também é relevante – ou até, seja relevante somente – aquilo que o agente sentiu no momento de agir. Ao revés, caso se compreenda a censura do "ter se decidido pelo resultado" em um sentido normativo, como já ocorre para o dolo direto de segundo grau, então não se faz mais necessário buscar por um elemento volitivo autônomo que fundamente tal censura. O fato de que o agente perseguiu um objetivo, cuja realização se encontra vinculada à ocorrência do resultado com alto grau de probabilidade, significa que o próprio agente não pode rejeitar o resultado se ele mantém a realização de seu objetivo, "pois cada um é visto como um agente racional".[50] Se o agente reconheceu um risco de resultado desse tipo como sendo vinculado à sua ação, ou ao objetivo de sua ação, então ele não pode decidir por si próprio acerca da relevância do perigo para a censura do dolo que recai sobre si através de um ato de supressão ou rejeição independente de tal reconhecimento do risco. O decisivo não é "se o agente levou a sério o risco conhecido, mas sim se ele reconheceu um perigo que devia levar a sério".[51]

Lacmann demonstrou, com seu conhecido caso da "barraca de tiro", que a censura de uma lesão corporal dolosa é compatível até mesmo com uma atitude enérgica de não querer o resultado. Em uma barraca de tiros, dois jovens apostam que um deles poderia atirar em uma bola de vidro que uma jovem atendente segurava na mão. O agente sabia que era apenas um atirador mediano e tinha esperança em sua sorte. Ele, decididamente, não queria lesionar a garota, pois neste caso ele deveria pagar a aposta, ao invés de ganhar o prêmio.

49. *Frisch* Vorsatz und Risiko (1983), p. 111; *Hassemer* GS-Arm. Kaufmann, 289, 295 e ss.; *Roxin* FS-Rudolphi (2005), 243, 251; SK-*Rudolphi* § 16 nm. 39.

50. *Von Böhmer,* Observationes selectae ad B. Carpzovii practicam, Francofurti 1759, Pars I, obs. II, qu. 1, Nr. 62 (p. 2), tradução livre para o alemão por *Puppe* ZStW 103 (1991), 1, 27, nota de rodapé 66.

51. *Herzberg* JuS 1986, 249, 262; *Puppe* NK § 15 nm. 64; *Idem* ZStW 103 (1991), 1, 17.

Ele se esforçou por mirar com as melhores forças, e por evitar o resultado lesivo. Contudo, nenhum tribunal irá absolvê-lo da censura da lesão corporal dolosa, se ele, não obstante, atingir a mão da garota. Tampouco será ele absolvido do crime de tentativa de lesão corporal, se não chegar a acertar a garota caso atire.[52] Deveria essa censura decorrer apenas do fato de o agente não querer o resultado não por lealdade ao direito ou um mínimo de consideração pela vítima, mas por um motivo totalmente egoísta?[53] Qual a utilidade, para a vítima ou para o Direito, se o agente não quer o resultado por um mínimo de consideração à vítima ou lealdade ao direito, e não por motivos egoísticos?

Concebido o perigo doloso como aquele que fundamenta a censura de ter se decidido pelo resultado de lesão, mesmo que o resultado tenha sido inoportuno para o agente, e que ele tenha esperado sua não ocorrência, cumpre observar que o conceito de perigo doloso não é idêntico ao conceito de perigo proibido. Um perigo proibido também executa o agente que atua com culpa consciente. Este perigo doloso também é um conceito tipológico. Não se pode determiná-lo de modo exclusivo a partir do critério de probabilidade, algo no sentido de que o agente tomou a ocorrência do resultado como mais provável do que sua ausência, como alguns defensores da teoria da probabilidade tentaram fazer,[54] e como especialmente seus opositores os acusaram de tê-lo feito.[55] Um tal conceito de perigo não é nem teoricamente viável, nem possui sentido prático. É quase impossível, no caso individual, fornecer uma estimativa numérica de probabilidade para a representação do perigo por parte do agente. Logicamente, o agente não tentará fazer essa estimativa ele próprio, mas apenas fará uma ideia sobre se o perigo é elevado ou baixo. Nós necessitamos, portanto, de um conceito qualitativo do que vem a ser

52. *Lacmann* ZStW 31 (1911), 142, 160.

53. Neste sentido, contudo, *Engisch*, Untersuchungen über Vorsatz und Fahrlässigkeit im Strafrecht (1930), p. 202.

54. *Grossmann* Die Grenze von Vorsatz und Fahrlässigkeit (1924), p. 36; *Lacmann* GA 58 (1911), 109, 129; *H. Mayer* AT (1967), p. 121; *Sauer* Grundlagen (1921), p. 609 e ss.

55. *Frisch* Vorsatz und Risiko (1983), p. 20 e s.; *Jescheck/Weigend* AT, § 29 III 3 d) aa); Schönke/Schröder-*Cramer/Sternberg-Lieben* § 15 nm. 76; *Stratenwerth/Kuhlen* AT 8/114.

a representação do agente acerca do perigo que fundamenta o dolo, e não de um valor limite para um conceito quantitativo.

Uma ação possui a qualidade de produção de um perigo doloso se ela é reconhecida como um método adequado de produção do resultado a partir de regras gerais de experiência, e também se o agente poderia tê-la aplicado para fins de produzir o resultado. Golpes com um instrumento pesado ou cortante contra a cabeça,[56] chutes ou golpes de caratê contra a cabeça de uma criança,[57] perfuração na área do coração,[58] tiros no tronco ou sufocar e estrangular até um pouco além da perda de consciência,[59] são métodos reconhecidos de matar. O agente que os emprega, no sentido de tornar sua vítima sem resistência, ou de silenciá-la, não pode apelar ao argumento de que não quis a morte da vítima.[60] Aliás, o Superior Tribunal de Justiça da Alemanha (*Bundesgerichtshof* ou BGH) apenas aceitou um *dolus ex re* no caso de um golpe de faca na área do coração, ou seja, afirmou o dolo sem maiores indagações acerca do posicionamento interno do agente a respeito do resultado. Todavia, perigos dolosos também podem ser verificados naqueles modos de ação que o agente não teria empregado se pretendesse o resultado, uma vez que ele dispunha de métodos ainda mais eficazes para a produção do mesmo. O apostador no caso da bola de vidro realiza um perigo doloso de lesão corporal, não obstante o fato de que ele teria feito mira de forma distinta, caso ele quisesse realmente atingir a mão da garota. Em contrapartida, um perigo doloso não se verifica se o agente, racionalmente, pode confiar que ele mesmo, a vítima, ou um terceiro irá controlar o perigo de modo eficaz,[61] ainda que este perigo se mantenha como proibido.

Sem dúvidas, o conceito de perigo doloso também não fornece qualquer distinção precisa entre dolo e culpa consciente, tanto quanto não o fazem as outras concepções do conceito de dolo. Naturalmente, há constelações de casos em que é difícil decidir, a partir da medida

56. BGH StV 1987, 92.
57. BGH NStZ 1986, 549; NStZ 1988, 175 = MDR 1988, 277.
58. BGH NStZ 2002, 541.
59. BGH NStZ 2002, 329 e s.
60. NK-*Puppe* § 15 nm. 12; *Ragués I Vallés* GA 2004, 257, 269 e s.; *Trück* NStZ 2005, 235, 240.
61. *Puppe* AT/1 16/44; *Herzberg* JuS 1986, 249, 260; igualmente, MüKo-*Schneider* § 212 nm. 11.

da razão instrumental, sobre se um risco é do tipo que não pode ser criado sem a aceitação concomitante de sua realização. Apesar disso, há um certo exagero quando *Roxin* afirma que esse conceito de dolo "*não oferece qualquer medida palpável para a determinação do perigo doloso*". Essa afirmação *Roxin* deseja demonstrar com o argumento de que os vários defensores da determinação cognitiva do dolo fazem exigências completamente diversas para a representação do risco que fundamenta o dolo, partindo desde uma simples representação de possibilidade até uma probabilidade predominante de ocorrência do resultado.[62] *Roxin* não pondera, contudo, que esses defensores das teorias cognitivas do dolo de modo algum utilizam a teoria aqui apresentada, mas, sim, cada qual o seu próprio conceito de perigo fundamentador do dolo. Logo, tais autores respondem apenas à questão sobre como uma representação do risco deve estar constituída para que o dolo possa ser admitido segundo suas próprias perspectivas jurídicas. Eles não respondem à questão, aqui colocada, sobre como essa representação do risco deve ser constituída para se concluir que o agente, de acordo com os parâmetros de uma razão instrumental, apenas teria seguido adiante se ele estivesse de acordo com o resultado.

A teoria do perigo doloso também tem sido criticada sob o argumento de que ela não deixa mais espaço para o dolo de perigo, ou de que ela não consegue distinguir o dolo de perigo do dolo de lesão.[63] Quando o agente emprega ou representa fatores, os quais são em geral adequados para produzir um resultado de lesão, ele cria conscientemente um perigo abstrato. O agente cria dolosamente um perigo concreto quando ele representa que, no caso individual, não se fazem presentes quaisquer contrafatores determinantes, que tornariam impossível a ocorrência do resultado. Um dolo de perigo já se faz presente, portanto, quando o agente, no caso concreto, considera o resultado possível, ou seja, atua com culpa consciente. Mas, contrariamente ao que diz *Roxin,* a criação de um tal perigo concreto não é ainda uma "estratégia apta de produção do resultado".[64] O moto-

62. *Roxin* FS-Rudolphi, 243, 253; veja, também, *Kühl* AT § 5 nm. 68 a.

63. *Roxin* FS-Rudolphi, 243, 255; *Schünemann* FS-Hirsch, 370, nota de rodapé 23; *Köhler* FS-Hirsch, 65, 78 e s.; *Idem* AT, p. 165; *Küpper* ZStW 100 (1988), 758 (774).

64. *Roxin* FS-Rudolphi, 243, 255; contra NK-*Puppe* § 15 nm. 86.

rista que evidentemente não atende à ordem de parada do policial na rodovia, e que dirige contra este a buzinar, não emprega qualquer método idôneo de matar, mesmo se reconheceu a possibilidade de que o policial demorasse a sair do caminho ou que pudesse se esborrachar no chão nessa tentativa. Não há dúvida de que o motorista cria, conscientemente, um risco proibido e concreto para o policial, nos termos do § 315 b. Contudo, sua confiança de que o policial irá desviar a tempo, uma vez que foi preparado para esse tipo de situação em sua formação, é plenamente compatível com as regras da razão instrumental.

3. Dolo eventual como conceito normativo

Os defensores de um conceito cognitivo e de um conceito volitivo de dolo eventual são hoje unânimes em considerar que o julgamento segundo o qual o agente, através de sua ação, se decidiu pelo resultado, não pode consistir num diagnóstico empiricamente determinável, e sim, pode esse julgamento consistir tão somente em uma interpretação do comportamento do agente.[65] Eles disputam, contudo, acerca de qual material fático deve fundamentar tal interpretação. Enquanto os defensores de uma teoria cognitiva do dolo restringem esse material principalmente ao fato e à representação simultânea do agente acerca do risco de resultado provocado por ele, os defensores de um conceito volitivo de dolo não restringem esse material fático em absoluto. A princípio, *Roxin* concorda com a jurisprudência no sentido de que a pergunta sobre se o agente decidiu-se pela lesão do bem jurídico é uma questão que deve ser respondida a partir de uma "visão conjunta de todas as circunstâncias objetivas e subjetivas do fato",[66] inclusive a personalidade do agente.[67]

A relevância de uma circunstância fática não é examinada de modo especial por um conceito geral de decisão pelo resultado. Para as concepções teórico-probatórias de *Hassemer, Frisch* e *Volk*, isso já foi demonstrado. Para *Roxin*, por exemplo, deve ser ponderado contrariamente à atribuição do dolo eventual "sobretudo o fato de que

65. *Roxin* FS-Rudolphi, 243, 246 e s.; *Puppe* ZStW 103 (1991), 1, 2.

66. BGHSt 36, 1, 10; NStZ 2000, 583, 584; 2003, 431, 432; StV 2001, 572; 1997, 8, 9; NJW 1999, 2533, 2534 e s.; compare NStZ-RR 1998, 101.

67. *Roxin* FS-Rudolphi, 243, 247.

o acusado não possuía qualquer motivo compreensível para matar, ou, ainda, que tivesse um motivo inteligível somente em face da estrutura de sua personalidade".[68] A falta de motivo para matar também é, para a jurisprudência, um argumento decisivo para a rejeição do dolo eventual.[69] Contudo, este argumento somente é conclusivo para negar a existência do propósito de matar. Também o caráter do agente, seu comportamento antes e após o fato, e sua posição geral em face do bem jurídico e da vítima, devem ter um peso decisivo para a resposta da questão acerca do dolo.[70]

Se essa consideração global de todas as circunstâncias conduz a uma atribuição ou à rejeição do dolo, isso depende, essencialmente, da escolha dos indicadores do dolo invocados, e do peso que se atribui a estes indicadores no caso individual. Isso demonstra o próprio *Roxin* precisamente no caso que lhe serviu como fio condutor para a crítica que desenvolveu contra a teoria do perigo doloso. O acusado, um lutador de caratê com formação, desferiu, contra uma criança de 15 meses, cujo choro já não mais suportava, um golpe com o canto da mão contra a nuca e as têmporas. Em função do golpe, a criança morreu. Em seguida, o acusado realizou frustradas tentativas de ressuscitação. A criança apresentou outras lesões corporais, as quais o acusado, pouco tempo antes, ou produziu através de golpes com objeto rígido contra a cabeça da criança, ou por bater sua cabeça duas vezes contra a mesa com violência. Entre as duas ações violentas, o acusado alimentou a criança com uma papinha de banana. Tanto quanto soube o tribunal, o acusado nunca havia empregado atos de violência contra crianças, ele rejeitava punições corporais de crianças. Com os olhos voltados para os indicadores "pai afetuoso, cuidador de crianças confiável, e também no dia do fato, impulsos afetivos, tentativas de ressuscitação", concluiu *Roxin* pela rejeição do dolo homicida, inclusive na forma do dolo eventual.[71] Porém, quando *Roxin* dirige o olhar para os fatos de que o agente, na mesma tarde, já havia gravemente maltratado a criança, e que o agente, como lutador

68. *Roxin* FS-Rudolphi, 243, 246.
69. BGH StV 1984, 187; NStZ 1984, 19; 1988, 175; 1992, 125; 1993, 384; 1994, 585; 2004, 51, 52; crítico a respeito, *Trück* NStZ 2005, 235, 236.
70. *Roxin* FS-Rudolphi, 243, 249.
71. *Roxin* FS-Rudolphi, 243, 249.

de caratê com formação, conhecia o efeito mortal de seu golpe, conclui ele por uma solução oposta em seu Manual.[72]

Não por acaso, os teóricos volitivistas recomendam positivamente a jurisprudência sobre o dolo eventual, especialmente quanto ao dolo homicida,[73] enquanto os defensores de um conceito puramente cognitivo de dolo censuram a jurisprudência por utilizar um método imprevisível de distinguir o dolo da culpa, o qual serviria de instrumento para a aplicação de distintas concepções de política criminal.[74]

Assim, deve haver perante o dolo homicida uma elevada barreira inibitória, especialmente no que toca ao risco para a vida que advém de uma violência exercida de modo espontâneo.[75] O "homicídio simples" (*Totschlag*), isto é, o homicídio em estado de afeto, não possui mais lugar adequado em nosso sistema de crimes de homicídio desde que o legislador nacional-socialista substituiu a clássica distinção entre o homicídio premeditado e o homicídio em estado de afeto pelo conglomerado das chamadas circunstâncias qualificadoras do homicídio. Com efeito, a distinção entre o homicídio premeditado e o homicídio em estado de afeto é essencial para a censura de culpabilidade. Desde a reforma legislativa, o Superior Tribunal de Justiça da Alemanha (*Bundesgerichtshof*) procura fazer valer essa distinção na medida em que ele rejeita o dolo do agente em estado de afeto com o auxílio da teoria da barreira inibitória (*Hemmschwellentheorie*).[76]

72. *Roxin* AT/1 12/74.

73. *Geppert* JA 2001, 55, 56; *Hassemer* GS-Arm. Kaufmann, 289, 297; *Köhler* FS-Hirsch, 65, 78 e s.; *Roxin* FS-Rudolphi, 243, 249; *Schünemann* FS-Hirsch, 363, 373; *Volk* FG-BGH, 739, 745; provavelmente, também, *Verrel* NStZ 2004, 309, 311.

74. *Herzberg* FG-BGH, 51, 73; MüKo-*Joecks* § 16 nm. 31; NK-*Puppe* § 15 nm. 34; *Idem* AT/1 16/7 e s.; mas, também, *Frisch* JuS 1990, 362, 367.

75. BGH NStZ 2004, 201; StV 1997, 8, 9; ferner BGHSt 36, 1, 15 e s.; BGH NJW 1983, 2268; NStZ 1983, 407; 1984, 19; 1986, 549, 550; 1988, 361; 2002, 541; NStZ-RR 1996, 97; StV 1984, 187, 188; 1992, 574; 1992, 575; Na decisão BGH NStZ 1992, 125 isso foi pronunciado *expressis verbis*, e a aplicação do *topos* da teoria do elevado instinto inibitório simplesmente foi rejeitado de modo generalizado, uma vez que é mais fácil matar por omissão. Criticamente acerca disso, *Puppe* NStZ 1992, 576; 2004, 201; *Trück* NStZ 2005, 235, 236.

76. A respeito, NK-*Puppe* § 15 nm. 92 e ss.

É uma agenda política punir, de modo exemplar, delitos violentos motivados por xenofobia. Segundo a jurisprudência, não existe para estes agentes, em razão de sua atitude de desprezo pelas pessoas, qualquer barreira inibitória em relação ao dolo homicida.[77]

Parece desejável punir de forma moderada um portador de HIV que mantém relações sexuais sem proteção com parceiros desinformados sobre sua doença. Mas não há previsão de um tipo penal especial para tal punição. Em razão disso, o Superior Tribunal de Justiça da Alemanha (*Bundesgerichtshof*) admitiu o dolo de lesão corporal em um caso desses, embora, estatisticamente, o risco de uma infecção do parceiro sexual em uma relação sem violência seja de apenas 0,1 até 1%, sendo que o agente ainda reduziu este risco em face do coito interrompido.[78] Contudo, com o auxílio do *topos* da barreira inibitória, o dolo homicida foi rejeitado, muito embora, como sabia o agente, toda infecção pelo HIV termina com a morte de seu portador.[79] Mas, afinal, teria sido mesmo muito rigorosa uma punição do agente por tentativa de homicídio ou até mesmo por tentativa de homicídio qualificado, já que ele atuou somente para a satisfação de seu desejo sexual.

A teoria volitiva do dolo, sobretudo na forma atual da teoria dos indicadores do dolo, contribui para esta tendência da jurisprudência.[80] O dissenso entre a teoria da vontade e a teoria da representação (que critica essa práxis judiciária) tem raiz, em última instância, nas distintas concepções sobre o Direito e sobre a magistratura, especialmente sobre os juízes penais. Deve o Juiz, a partir de uma análise conjunta de todas as circunstâncias do fato e do caráter do agente, sob a consideração de pautas jurídico-políticas legítimas, dar ao agente o que ele merece? Ou deve o juiz, a partir da lei e de conceitos jurídicos

77. BGH NStZ 1994, 483; 584; StV 1994, 654, 655; NStZ-RR 2000, 165, 166; compare, também, StV 1983, 360; a respeito, MüKo-*Schneider* § 212 nm. 37; *Trück*, NStZ 2005, 235, 236.

78. BGHSt 36, 1, 9 e ss.

79. BGHSt 36, 1, 15 e s.

80. O julgamento do caso AIDS é elogiado de modo característico pelos defensores da teoria volitiva. Compare, *Prittwitz* StV 1989, 123 e *Hassemer* JuS 1989, 761; com nuances, *Schünemann* JR 1989, 89. Defensores de uma teoria da probabilidade modificada criticam sobretudo a admissão do dolo de lesões corporais, *Puppe* AT/1 16/14; *Herzberg* JZ 1989, 470, 478; compare também *Frisch* JuS 1990, 362, 368 e s.

os mais claros possíveis, julgar o fato denunciado, e apenas sobre isso?

Um Direito Penal liberal e alinhado ao Estado de Direito deve proteger o acusado de ter sua pessoa, considerada de modo integral, como objeto de valoração jurídica. O mesmo vale sobre o seu caráter, sobre suas inclinações que nada têm a ver com o fato, sobre sua orientação geral, por exemplo, face à violência, sobre sua vida pregressa, e sobre o seu comportamento posterior ao fato. Valoração alguma desses elementos deve servir, portanto, para um julgamento sobre se o agente merece a pena mais rigorosa do delito doloso ou sobre se ele merece ser punido mais brandamente em razão da culpa, ou mesmo, que não seja punido. Esse limite permanece invariável ainda que tal valoração, no caso individual, como no caso do caratê, tivesse solução favorável ao agente. O princípio da culpabilidade pelo fato exige uma determinação fechada daqueles fatos que devem fundamentar ou excluir a censura do dolo.[81] O princípio exige, ainda, uma legitimação de cada um desses fatos para que sejam considerados como fundamento da reprovação. Causas gerais para a medição da culpabilidade, especialmente as causas para a minoração da culpabilidade, pertencem, contrariamente ao que considera *Roxin*,[82] não ao dolo, mas à medição da culpabilidade nos termos do § 46 StGB.

Mas o reconhecimento de que o dolo e a culpa consistem em conceitos valorativos é algo que exige uma definição terminativa dos fatos que devem ser valorados. Essa exigência se deve a várias razões, mas é indispensável, justamente, por razões de ordem semântica. Esses fatos não são apenas indícios para a valoração. Eles são parte integral do sentido dessa valoração, o que pode ser demonstrado pelo seguinte experimento mental.[83] Se um indivíduo, a respeito de dois quadros exatamente iguais, afirma que um é bom e outro é ruim, alguém o indagará em que estes quadros se distinguem. Se ele responde à pergunta dizendo que eles não se distinguem em nada, exceto que um é bom e o outro é ruim, então fica evidente

81. Já anteriormente, vide *Krauss* FS-Bruns (1978), 11, 22.

82. *Roxin* FS-Rudolphi, 243, 249.

83. Este experimento mental provém de *Hare*, Die Sprache der Moral (Orig.: The Language Of Moral, 1952) dt. v. Morstein (1972), p. 110 e s. (Kapitel II 5,2). Assim, explicativamente, *Puppe* GA 1990, 145, 173 e ss.

que as asserções valorativas que ele proferiu não têm sentido algum. Portanto, contrariamente ao que considera *Volk*, é necessário distinguir estritamente aqueles fatos que são objeto dos juízos valorativos "dolo" ou "culpa" em oposição àqueles fatos que são apenas indícios para os fatos valorados. Tais indícios não podem realmente ser definidos de modo fechado.

Mas necessita igualmente de uma definição o conteúdo da valoração, vale dizer, o componente valorativo do conceito. Pois tampouco se esgota uma valoração na determinação do fato valorado. O que pode valer para um conceito descritivo nem sempre é válido para um conceito valorativo, como é o caso em certos contextos em que, na delimitação de um conceito descritivo, se aceita como sua definição um procedimento para determinar se o conceito está preenchido no caso individual ou não.

Por causa disso, incumbe tanto às teorias volitivas quanto às teorias cognitivas a tarefa de esclarecer o que elas compreendem exatamente a respeito da asserção valorativa de que o agente se decidiu pelo resultado. Assim, nem as teorias volitivas, nem as cognitivas do dolo podem contornar essa tarefa de esclarecimento através da referência a indicadores ou indícios cuja presença deve dar ensejo a essa valoração. A asserção valorativa em questão tem obviamente um conteúdo diverso para as teorias volitivas do que aquele partilhado pelas teorias cognitivas. Portanto, a "paralisante alternativa" entre uma determinação cognitiva e uma determinação volitiva do dolo eventual não pode ser superada através do recurso aos indícios e aos indicadores: ela deve ser decidida.

5

DOLO, CURSO CAUSAL, IMPUTAÇÃO*

1. O problema do erro essencial sobre o curso causal

A jurisprudência e a doutrina dominante na Alemanha somente imputam um resultado a que o autor deu causa por meio de uma ação dolosa, se ele tiver previsto o curso causal "em seus aspectos essenciais" (*in seinen wesentlichen Zügen*). Se tal não for o caso, o autor deverá ser punido por tentativa em concurso ideal com a causação negligente do mesmo resultado. O desvio causal é considerado essencial, quando o autor não podia prevê-lo.[1] Ocorre que um desvio é imprevisível justamente nos casos em que o curso causal desviado, isto é, o realmente ocorrido, não era previsível. Nessas hipóteses, fica excluída também a imputação do resultado à negligência. Ademais, o desvio causal tem de ser considerado essencial antes que se faça a imputação do resultado depender da previsibilidade desse desvio.

* *Vorsatz, Kausalverlauf und Zurechnung*. Manuscrito original em alemão, publicado em português na obra: Costa Andrade/Antunes/Aires de Sousa (coords.). *Estudos em Homenagem ao Prof. Dr. Jorge de Figueiredo Dias*, tomo II. Coimbra: Coimbra Editora, 2010 – Trad. Luís Greco.

1. BGHSt 1, 278 (279); 7, 325 (329); 9, 240 (242); 23, 133 (135); *Lackner/Kühl* § 15 nm. 11; Schönke/Schröder-*Cramer/Sternberg-Lieben* § 15 nm. 55; *Baumann/Weber/Mitsch* AT 20/24; *Maurach/Zipf* AT/1 23/27.

Ninguém pode prever um curso causal em todas as suas particularidades.[2] Quando eu jogo um vaso de vidro contra o chão, ninguém pode prever em quantos cacos esse vaso se partirá, nem que forma eles terão.

Uma recente decisão do BGH demonstra o quão insegura é a decisão a respeito da essencialidade de um desvio no curso causal. O acusado queria reformar a sua casa, para vendê-la ou alugá-la. No intuito de expulsar seu inquilino, decidiu-se ele a provocar uma explosão no porão, a qual deveria fazer tremer as paredes. Ele combinou com seu comparsa que este deveria afrouxar a tampa do encanamento de gás e deixar uma vela na escada para o porão. O cúmplice, porém, abriu o encanamento por completo, de modo que a explosão foi muito mais intensa do que o acusado esperara. A casa ruiu e seis dos moradores faleceram. Como acusado tinha previsto a possibilidade de que moradores fossem mortos pela queda de móveis ou do teto, sem que essa previsão mudasse o que havia decidido, afirma o BGH o dolo de homicídio. O BGH chega a aceitar a declaração do acusado de não ter podido prever o desabamento da casa, mas declara esse desvio causal irrelevante e imputa ao dolo do autor a morte dos inquilinos.[3] Essa conclusão é surpreendente, uma vez que o cúmplice não se ateve ao combinado e provocou uma explosão muito mais forte e com isso um perigo muito mais intenso para a vida dos moradores do que o que fora previsto pelo autor.

Uma nova teoria esforça-se por precisar o critério da essencialidade. Segundo essa teoria, o perigo causado dolosamente pelo autor tem de realizar-se no resultado. O resultado é imputado apenas à negligência, se o perigo que se realiza no resultado é outro, causado apenas negligentemente.[4] Uma vez que o perigo causado dolosamente coincide com o que se realizou no resultado pelo menos no que se refere à causa do resultado, provocada dolosamente pelo autor, seria necessário fornecer critérios para delimitar se o perigo que realmente se realizou é o mesmo que fora representado pelo autor. Afinal,

2. NK-*Puppe* § 16 nm. 78; *Idem,* Vorsatz und Zurechnung (1992), 21 s.; *Jakobs* AT 8/66 ss.

3. BGH NStZ 2007, 700.

4. AK-*Zielinski* § 15/16 nm. 59 ss.; SK-*Rudolphi* § 16 nm. 31; *Jakobs* AT 8/64; *Jescheck/Weigend* AT 29 V b; *Sancinetti* Roxin-FS (2001), 349 (361 f); *Wolter* ZStW 89 (1977), 648 (664).

dependendo da descrição mais genérica ou mais específica que se dê ao perigo, pode-se chegar à conclusão de que um desvio causal modifica ou não a identidade do perigo.[5] Por exemplo, no caso decidido em BGH NStZ 2007, 700, se se descreve o perigo realizado como morte pelo desabamento da casa, este perigo não será mais idêntico ao perigo representado pelo autor, que era o de morte por queda de móveis ou do teto; se o perigo realizado for descrito como morte por esmagamento sob objetos pesados, haverá identidade. O problema é que tais critérios gerais para delimitar a identidade de um perigo não são fornecidos, e nem o podem ser. Os adeptos dessa teoria destacam da cadeia de causas um fator causal especialmente ostensivo, por exemplo, a *causa mortis* médica, chamam assim o perigo de morte por afogamento, por fratura da coluna, por hemorragia ou por asfixia. Se o curso causal real coincidir nesse aspecto com a representação do autor, está claro que o perigo provocado dolosamente pelo autor se realizou. Se há um desvio, toma-se uma decisão intuitiva a respeito de se o perigo se realizou ou não, por exemplo, no caso da queda de uma ponte sobre um rio, se a morte por fratura da coluna representa a realização do mesmo perigo que a morte por afogamento[6] ou se a diferença entre uma morte por hemorragia e uma por asfixia modifica a identidade do perigo ou não.[7] Sempre se pode questionar a conclusão, bastando escolher um outro fator causal para caracterizar o perigo. Com isso, a teoria da realização do perigo dolosamente criado acaba por voltar ao critério da essencialidade.[8]

Roxin introduz seu critério da realização do plano do autor como uma exigência adicional, de todo independente do conceito de dolo, para imputar um resultado à ação dolosa.[9] Segundo esse critério, a imputação ao dolo depende de se a forma concreta como ocorreu a morte ainda pode ser considerada uma realização do plano do autor. Esta questão deve ser, porém, decidida a partir de uma "perspectiva valorativa". *Roxin* se reserva a possibilidade de corrigir posterior-

5. *Puppe* GA 1994, 297 (308 ss.).
6. *Jescheck/Weigend* AT § 29 V 6 b (p. 311); *Wessels/Beulke* AT nm. 261; *Roxin* Würtenberger-FS (1977), p. 109.
7. MüKo-*Joecks* § 16 nm. 55; *Jakobs* AT 8/65; *Kühl* AT 13/41; *Otto* AT 7/87; *Roxin* AT/1 12/155; *Wessels/Beulke* AT nm. 261.
8. NK-*Puppe* § 16 nm. 78 f; *Idem,* Vorsatz und Zurechnung (1992), p. 23.
9. AT/1 12/154 ss.

mente o arbítrio do autor, mas segundo quais critérios valorativos, os do autor ou os do juiz? *Vogel* defende o critério da realização do plano de modo consequente, fazendo depender a imputação do resultado ao dolo da resposta dada à pergunta de se o autor haveria atuado da mesma maneira, caso ele houvesse previsto o curso causal real.[10] Isso significa, porém, tornar a imputação dependente de finalidades e motivos exteriores à realização do tipo, e com isso de uma decisão arbitrária do autor. Mas o autor não é competente para determinar que classe de possíveis variações do resultado devem ser imputadas a uma certa ação dolosa.[11] Somente o direito pode decidir sobre os critérios e parâmetros de imputação. Por isso, é irrelevante para a imputação de um resultado ao dolo se o resultado, tal como realmente ocorreu, corresponde ou não ao que planejara o autor.

2. O problema, sua razão e solução

A busca de critérios unívocos e manejáveis para determinar quando um desvio no curso causal é essencial a ponto de excluir a imputação do resultado ao dolo é um empreendimento fadado ao fracasso, porque a exigência de conhecimento do curso causal "em seus aspectos essenciais" não está ancorada no conceito de dolo da doutrina dominante. Ela não pode ser derivada do conceito dominante de dolo, sendo nele de certa maneira introduzida posteriormente.[12] Segundo este conceito, a representação que o autor faz do perigo por ele criado apenas compreende que o resultado "seja tido como possível e não de todo improvável",[13] como disse também a decisão BGH NStZ 2007, 700. Também o autor negligente tem de conhecer fatos dos quais se derive a conclusão de que o resultado era possível e não de todo improvável. No que atine à representação, ele se distingue do autor doloso no máximo – na chamada negligência inconsciente – por não tirar ele mesmo essa conclusão. Já o autor que tentou provocar o mesmo resultado dolosamente a tirou. Partindo

10. LK § 16 nm. 72 s.; só no chamado error in objecto é que *Vogel* abre uma exceção (LK § 16 nm. 76).

11. NK-*Pupppe* § 16 nm. 74.

12. NK-*Puppe* § 16 nm. 77; *Idem,* AT/1 19/17; *Idem,* Vorsatz und Zurechnung (1992), p. 22 s.

13. BGH NStZ 2006, 98 (99); 2007, 150 (151); 700 (701); NStZ-RR 2007, 43 (44).

desses pressupostos, fica excluído que um resultado causado por uma tentativa dolosa seja imputado à negligência inconsciente e não ao mesmo tempo ao dolo.[14]

Somente quando se exigir que o perigo que fundamenta o dolo – chamemo-lo perigo doloso (*Vorsatzgefahr*)[15*] – apresente maior intensidade que o perigo que fundamenta a negligência, poder-se-á chegar à conclusão de que um resultado pode ser imputado apenas à negligência do autor, apesar de este o ter tentado provocar dolosamente.[16] Tal será o caso quando os fatos que, segundo a representação do autor, fundamentam um perigo doloso e com isso uma tentativa, só em parte estejam presentes no curso causal real, sendo que os fatos a respeito dos quais coincidem representação e realidade só fundamentem um perigo negligente. Tentei desenvolver noutra sede as exigências a que tem de atender o perigo doloso.[17] No presente estudo, tenho de limitar-me a reproduzir a conclusão. O autor atua dolosamente, quando a sua representação do perigo por ele causado de ocorrência do resultado se refere a algo de tamanha magnitude e evidência, que uma pessoa razoável posta na situação do autor não poderia causar um tal perigo, sem assumir que o resultado ocorresse, aceitá-lo, tomar a sério o perigo dessa ocorrência, vê-lo para si, ou apresentar quaisquer das demais atitudes a que se referem as várias fórmulas com que se descreve o chamado elemento volitivo do dolo.[18] O autor não poderá alegar em sua defesa que ele ainda assim confiou

14. NK-*Puppe* § 16 nm. 76, 78; *Idem,* Vorsatz und Zurechnung (1992), 49 s.

15.* (N.T.) Como já feito noutra sede (*Puppe*, A distinção entre Dolo e Culpa, trad. Greco, São Paulo, 2004, p. 79 e ss.)optei por traduzir "Vorsatzgefahr" e "Fahrlässigkeitsgefahr" por "perigo doloso" e "perigo negligente". Essa tradução, se bem que não perfeita, parece-me melhor que as alternativas "perigo de dolo/de negligência", que leva a pensar que o dolo ou a negligência são algo temporalmente posterior ao perigo, algo como seu resultado, ou que "perigo fundamentador de dolo / de negligência", expressão demasiado longa e, portanto, difícil de inserir na estrutura das frases do original.

16. *Puppe* Vorsatz und Zurechnung (1992), 49 s.; *Idem,* NK § 16 nm. 76; ao que parece também *Sancinetti* Roxin-FS (2001), 349 (360 f); *Kindhäuser* Hruschka-FS (2005), 527 (540).

17. *Puppe* ZStW 103 (1991), 1 (14 ss.) = Strafrechtsdogmatische Analysen (2006), 227 (238); *Idem,* NK § 15 nm. 69 s.; *Idem,* Vorsatz und Zurechnung (1992), 29.

18. Sobre estas fórmulas NK-*Puppe* § 15 nm. 88; com ulteriores referências *Idem,* AT/1 16/8.

de modo seguro na não-ocorrência do resultado, que não o assumiu, que não levou a sério a possibilidade de sua ocorrência. Uma tal atitude é, afinal, expressão da mais profunda indiferença em relação ao bem jurídico exposto a perigo.[19]

Tomemos o famoso caso decidido pela jurisprudência alemã do banco alto (*Hochsitzfall*)[20] como um exemplo da maneira como esses critérios permitem fundamentar a conclusão de que um resultado se imputa apenas à negligência do autor, apesar de este haver tentado provocá-lo dolosamente. O acusado derrubou um banco de três metros de altura, no qual estava sentado seu tio, um senhor de mais idade, que caçava. Essa queda poderia facilmente quebrar o pescoço, a coluna ou o crânio da vítima. A ação cria, assim, um perigo doloso. O BGH negou, entretanto, o dolo, por ausência de prova do elemento volitivo. A queda acabou não sendo tão infeliz, pois o tio apenas quebrou o tornozelo. A fratura foi tratada no hospital, mas os médicos, ao darem alta à vítima, esqueceram-se de prescrever anticoagulantes, para prevenir uma embolia, e de esclarecer da necessidade de todos os dias levantar-se e movimentar-se, para evitar uma trombose. O paciente ficou seis semanas na cama, contraindo uma pneumonia e uma embolia pulmonar, e veio a falecer no hospital. Aqui o perigo doloso representado pelo autor não se realizou no resultado, porque a vítima não sofreu nenhuma das lesões geradoras de perigo de vida que poderiam advir de uma queda de três metros de altura. Não se precisa mencionar a queda de três metros de altura para explicar a morte do paciente. Pode-se quebrar o tornozelo também caindo do próprio chão. Ainda assim, o curso causal representa a realização de um risco não permitido criado pelo autor. O fato de os médicos deixarem de tomar uma medida tamanhamente simples e básica é grosseiramente negligente, mas, tendo em vista que o atendimento é feito em massa, não imprevisível. Pneumonias e embolias pulmonares são, para pacientes de mais idade, perigos típicos de longas estadias em hospitais. Ferir alguém, para que essa pessoa morra de uma pneumonia ou embolia pulmonar em razão de uma longa estadia num hospital, não é, contudo, um método racional de matar. Isso significa que o que se

19. NK-*Puppe* § 15 nm. 68; *Idem*, ZStW 1991 1 (13) = Strafrechtsdogmatische Analysen (2006), 227 (238).

20. BGHSt 31, 96 = NStZ 1983, 21 com comentário de *Puppe*.

realizou no resultado foi um perigo negligente. O acusado deve ser condenado por tentativa de homicídio em concurso ideal com homicídio negligente.[21]

Também o caso decidido em BGH NStZ 2007, 700 é um exemplo em que o curso causal realizado é apenas um perigo negligente: os fatores de perigo representados pelo autor eram uma explosão suficiente para abalar e danificar uma casa; não, contudo, para derrubá-la. Segundo esta perspectiva, a morte dos habitantes só teria sido possível se eles fossem atingidos por móveis pesados ou por partes do teto (o reboco certamente não bastaria) que, por causa da fraca explosão, caíssem sobre essas pessoas. Está claro que tal não é um método adequado de matar. O autor não deveria, portanto, nem ter sido condenado por homicídio doloso consumado, nem por tentativa de homicídio. Ainda assim, o perigo criado é não permitido. O curso causal real coincide com a representação do perigo no que diz respeito ao fato de que os habitantes da casa foram mortos por partes da construção, que desabaram em decorrência da explosão. Por isso, dever-se-ia imputar à negligência do autor a morte dos habitantes por ele causada. Só teria lugar uma imputação ao dolo, se o autor tivesse previsto que a explosão seria tamanhamente intensa a ponto de levar a casa inteira ao colapso, uma vez que aqui teríamos um método adequado de matar. Uma vez que o tribunal reconheceu que o autor não podia prever o desabamento da casa, a condenação deveria ter sido por homicídio culposo.

3. Ocorrência prematura e tardia do resultado

Se o resultado ocorre antes do que planejara o autor, então só uma parte da ação, por meio da qual o autor queria realizar seu dolo, acaba por tornar-se causa do resultado. Se o autor continua a executar as demais partes da ação planejada, porque ele não percebe que o resultado já ocorreu, ter-se-á uma tentativa inidônea, que estará em relação de unidade típica de ação (*tatbestandliche Handlungseinheit*)

21. Cf. *Puppe* AT/1 10/2 ss. O BGH o condenou por lesão corporal seguida de morte, porque o elemento volitivo – segundo a sua jurisprudência, necessário para o dolo – não fora provado, a ação de lesões corporais gerava já perigo de vida e a morte era previsível, cf. BGHSt 31, 96 (99 s.). O BGH dispensou a realização de um superior perigo de vida (cf. a respeito *Puppe* AT/1 10/5).

com a primeira ação, se esta for punível a título de delito doloso, consumado ou tentado, e com o delito negligente. Se há ou não uma punibilidade por tentativa, dependerá de o autor ter ou não adentrado na fase executiva do delito. Se há ou não punibilidade por consumação dolosa, dependerá de se ação por meio da qual o autor realmente causou o resultado é ou não suficiente para fundamentar um perigo doloso.

Para decidir esta questão não importa se o resultado prematuro se enquadra ou não no que planeja o autor.[22] Não é o autor, e sim o direito, quem tem de decidir a quem pertence o resultado. Para tomar esta decisão não interessam as finalidades e desejos extratípicos do autor.

Veja-se um exemplo da mais recente jurisprudência do Bundesgerichtshof. O autor queria sequestrar sua mulher e levá-la a um local solitário, extorquir dela uma assinatura numa procuração com plenos poderes e depois matá-la. Para carregá-la, fez com que ela ficasse inconsciente e a amordaçou com uma fita adesiva cobrindo o nariz e a boca, transportando-a no porta-malas até o local solitário. Ao abrir o bagageiro, ele percebeu que a mordaça havia sufocado a mulher. O BGH não imputou a morte ao dolo do autor, porque este resultado era incompatível com o plano do autor, de primeiramente praticar uma extorsão antes de matar a mulher. O autor sequer teria adentrado a fase de tentativa, porque havia vários passos intermédios entre o amordaçamento letal e a ação imediata de matar planejada pelo autor.[23] Nada disso resiste a um escrutínio jurídico. O autor, ao tapar o nariz e a boca de uma vítima desacordada, praticou uma ação que facilmente poderia levar à asfixia dela. Se ele estava consciente desse perigo de asfixia, o que deve ser admitido segundo a experiência geral de vida, então ele criou já por meio desta ação um perigo doloso, não podendo a confiança em que o resultado não se realize livrar o agente de qualquer reproche. Nem sequer interessa se esta confiança tem a sua razão de ser nos ulteriores planos delitivos do autor. Com a criação consciente de um perigo doloso, o autor entra na fase de tenta-

22. NK-*Puppe* § 16 nm. 86; diversamente *Roxin* GA 2003, 257 (261); *Idem*, AT/1 12/6; de acordo LK-*Vogel* § 16 nm. 72 s.
23. BGH NStZ 2002, 309.

tiva, querendo ele ou não. Também sobre os limites entre preparação e tentativa decide o direito, e não o plano do autor.[24]

A teoria dominante exige para imputar o resultado à primeira ação somente que esta se trate já de um início da tentativa, e não apenas de um ato preparatório.[25] Isso é muito pouco para fundamentar um perigo doloso. Um tal perigo existe apenas a partir do momento em que haja uma probabilidade suficiente de que o resultado ocorra sem ulteriores contribuições do autor. Enquanto o autor não tiver conscientemente criado um perigo doloso, não pode realizar-se qualquer perigo doloso no curso causal que leva ao resultado.[26] O autor tem de criar fatores causais suficientes, a ponto de que o resultado tenha grande probabilidade de ocorrer sem que sejam necessárias ulteriores ações dolosas. Possíveis condutas negligentes só serão computadas como fatores causais. Não se concede ao autor, porém, o poder de decidir se a intensidade do perigo por ele dolosamente criado já é suficiente para fundamentar um perigo doloso. Tal é uma questão que compete ao direito. Por isso é que essa exigência de imputação difere do chamado dolo de consumação (*Vollendungsvorsatz*), que é exigido por muitos autores para imputar o resultado e que tem por conteúdo que o autor tenha representado, ao praticar a sua última ação dolosa, que fez "já a sua parte" para que o resultado por si só ocorra.[27] *Herzberg* fundamenta essa exigência alegando que, doutro modo, excluem-se do autor possibilidades de desistência da tentativa.[28] Mas a possibilidade de desistência não é concedida ao autor no

24. NK-*Puppe* § 16 nm. 86; diversamente *Roxin* GA 2003, 257 (260 s.); *Idem,* AT/1 12/6.

25. BGHSt 23, 133 (135); BGH NStZ 1991, 537; 2002, 309; 475 (476); 2008, 209; *Lackner/Kühl* § 15 Rn 11; SK-*Rudolphi* § 16 Rn 34; *Fischer* § 16 Rn 8; *Roxin* GA 2003, 257 (260 s.).

26. Segundo *Wolter* Leferenz-FS (1983), 545 (563); similar *Frisch* Tatbestandsmäßiges Verhalten und Zurechnung des Erfolges (1988), 623, a imputação resultado ao dolo pressupõe uma "tentativa com perigo de resultado" (erfolgsgerfährlicher Versuch). Esta exigência de imputação não está, porém, ancorada no conceito de dolo de *Wolter.*

Enquanto se considerar, como faz a doutrina dominante na Alemanha, que a representação de qualquer perigo já basta para o dolo, se essa representação também bastar para a negligência (consciente), o conceito de tentativa com perigo de resultado nada excluirá que já não exclua a imputação à negligência.

27. Cf. a respeito *Roxin* GA 2003, 257 (268).

28. ZStW 85 (1973), 867 (883).

interesse deste, mas unicamente no interesse da vítima. E é por isso que, da perspectiva do autor, a desistência é em certa medida uma questão de sorte. Se o autor causou o resultado de uma maneira imputável a seu dolo, o direito não precisa garantir-lhe as possibilidades de desistência correspondentes a um outro curso causal objeto de sua representação.[29] Outros doutrinadores fundamentam a exigência do dolo de consumação alegando que o autor tem de manter seu dolo até o momento em que ele mesmo chega ao conhecimento de que já fez o suficiente para que o resultado ocorra, com isso entregando à sorte o destino da vítima.[30] Mas este juízo não compete ao autor, e sim ao ordenamento jurídico. A partir do momento em que, segundo o critério do ordenamento jurídico, o autor cria um perigo doloso de ocorrência do resultado, tem o autor de assumir plena responsabilidade pelo destino da vítima.

Ilustre-se o alegado com base num ulterior exemplo da recente jurisprudência. O autor estava sob a ameaça de ter a sua casa leiloada compulsoriamente. Como ele não queria que os credores chegassem a receber o dinheiro arrecadado pelo leilão, planejou derrubar a casa por meio de explosão a ser provocada no porão. O autor abriu um botijão de gás no porão, surgindo uma mistura explosiva de gás e ar, mas neste momento ele não conseguiu decidir-se definitivamente a provocar a explosão acendendo uma chama. Ele se recolheu, para dar-se tempo para pensar. Na manhã seguinte, antes que ele acordasse, a sua mulher desceu ao porão para lá buscar um objeto, apertou o botão da luz e com isso provocou a explosão. O BGH fez a imputação do resultado do delito de explosão depender de se o autor já se encontrava na fase de execução deste tipo quando ele preparou a mistura explosiva de gases no porão. A resposta a esta pergunta será afirmativa, se o autor tiver visto com clareza que a explosão poderia ser provocada a qualquer momento por um morador desavisado que apertasse o botão de luz.[31] Ao final, isso está correto, mas não porque com isso o autor entraria já na fase de execução do fato, mas porque ele teria criado um perigo doloso, que se poderia realizar (e efetivamente se realizou) em um resultado típico sem qualquer ato

29. *Puppe* Vorsatz und Zurechnung (1992), 57.
30. *Wolter* Leferenz-FS (1983), 545 (565); *Küper* ZStW 112 (2000), 1 (30).
31. BGH NStZ 2008, 209.

posterior. É necessário, entretanto, que o autor tenha conhecimento disso. A partir disso, pouco importa se ele estava ou não decidido a provocar uma explosão, se havia ou não entregue o desenrolar dos fatos ao acaso. Uma decisão firme de praticar o fato, no sentido de que o autor queira provocar definitivamente o resultado, é necessária no máximo para o dolo direto de 1º grau, não para o dolo em geral. Mas se o autor não sabia que acionar o botão de luz podia provocar a explosão, por exemplo, porque isso só fora possível em razão de um desconhecido defeito no botão, o resultado poderá ser apenas imputado à culpa do autor. Mas também nesse caso haveria sido negligente criar uma mistura explosiva de gás e ar no porão da casa. O acusado teria a obrigação de pensar na possibilidade de um defeito no sistema elétrico. Mas neste caso, o resultado não deveria imputar-se ao dolo, e sim seguramente à negligência.

Na ocorrência tardia do resultado – aquele grupo de casos que ainda se designam pelo termo "*dolus generalis*", que se referia a uma teoria do direito comum medieval – aparecem no curso causal mais ações do que havia previsto o autor para realizar o seu dolo. O autor comete estas outras ações sem dolo, porque ele pensa que o resultado já havia ocorrido. Elas podem fundamentar uma responsabilidade por culpa, e é isso que em regra ocorre.

O exemplo paradigmático mais freqüente na prática é o do autor que agride sua vítima gerando-lhe um perigo de vida, mas que pensa que o resultado morte já ocorreu e então, ou como anteriormente planejado, ou com base numa nova decisão de praticar o fato, realiza novas ações sobre o suposto cadáver – com o fim de escondê-lo, ou de simular um acidente ou um suicídio – vindo, porém, a causar de modo imediato a morte unicamente por estas ações. Esta segunda ação não é dolosa, uma vez que o autor considera a vítima morta, mas merece sim um reproche por negligência, pois é grosseiramente negligente que um leigo em medicina, que não dispõe de instrumentos de diagnose, diagnostique a morte de alguém e depois o submeta a uma conduta que, na verdade, o mata.

Isso, porém, nada altera no fato de que também a primeira ação do autor contribuiu causalmente para a morte da vítima. A importância dessa ação para o curso causal em nada é suprimida pela segunda ação.[32] Ninguém que se encontre ainda consciente e seja capaz de defender-se permite que outro o enforque com uma corda, o jogue numa cova ou calmamente o atropele. O perigo de vida criado pela primeira ação, ademais, é necessário para explicar o fato de que o autor supôs que a vítima estivesse morta e a daí decorrente decisão de fazer o que ele fez com o aparente cadáver. É algo normal que o autor que considera exitosa a sua agressão praticada com dolo proceda desta forma com o suposto cadáver. Por isso é que o perigo doloso causado pelo autor se realizou também neste curso causal. Tal independe de que, no momento em que pratica a ação que deve ocultar o fato e que acaba sendo diretamente mortal, não queira mais o autor o resultado.[33] O autor não precisa manter o seu dolo até a ocorrência do resultado. Para a decisão do caso não importa, assim, se o autor teria ou não praticado a segunda ação, não dolosa, se ele tivesse reconhecido que a vítima ainda se encontrava viva. Se a resposta a essa pergunta fosse afirmativa, teríamos uma causa hipotética irrelevante, uma vez que uma tal motivação do autor é justamente o que não ocorreu. Além disso, a consideração de que a vítima teria morrido já das lesões a ela infligidas, caso o autor não a tivesse matado diretamente por meio de outras ações, em nada contribui para fundamentar a imputação do resultado ao dolo. Também aqui temos uma causa hipotética irrelevante, apesar de que também aqui fica afastada a insatisfatória solução, segundo a qual o autor que, com dolo de matar, lesiona mortalmente a sua vítima, pode excluir a imputação do resultado se praticar uma ulterior ação de matar.[34] Isso porque, em todos os casos, precisa-se até o fim do fator

32. *Puppe* AT/1 20/17; *Idem,* NK § 16 nm. 80; isso ignora *Jakobs* AT 8/76, ao objetar que não se pode somar uma tentativa e uma consumação negligente e obter um delito doloso consumado.

33. NK-*Puppe* § 16 nm. 82; diversamente *Roxin* Würtenberger-FS (1977), 109 (120 f); *Idem,* AT/1 12/177 ss.

34. Isso vale em regra também para o caso em que o terceiro, para “ajudar” ao primeiro autor, esconde o cadáver, e também quando o “terceiro mata dolosamente a vítima, porque ele a crê já irremediavelmente perdida”, cf. BGH NStZ 2001, 29 (30). Não interessa, portanto, se o primeiro autor podia prever, com base numa probabilidade suficiente para fundamentar um perigo doloso, que o segundo autor forneceria de modo negligente ou mesmo doloso a causa imediata da morte, pois o comportamento do segundo autor tem para a imputação do resultado ao primeiro autor apenas a relevância de um fator causal, que não precisa ser verdadeiramente previsível. O decisivo é

"mortalidade da primeira ação" para explicar a ocorrência do curso causal real. Por isso é que, nos casos de *dolus generalis*, sempre é um perigo doloso que se realiza no resultado.

O autor provocou, assim, por meio de duas ações, o mesmo resultado dolosa e negligentemente. A identidade dos resultados não deixa que se examinem em separado as duas realizações do tipo. Se o fizéssemos, teríamos de valorar o resultado duas vezes ou de adscrevê-lo arbitrariamente a uma das duas ações. Se o atribuíssemos à ação dolosa, desapareceria qualquer punibilidade pela ação negligente; se o atribuíssemos à ação negligente, a medição da pena concreta ignoraria que o autor provocou o resultado também dolosamente. Por isso, tem de ser fixada uma pena unitária para ambas as ações. Tem-se um caso de concurso ideal por força de uma unidade do resultado.[35] O BGH admitiu em várias situações um tal concurso ideal, que ele chama, de modo pouco elucidativo, de "unidade de valoração".[36] A necessidade de que as duas ações sejam valoradas de modo unitário não é, contudo, fundamentada pelo BGH. Este fundamento está no fato de que as duas ações se referem ao mesmo resultado. Um crime não é constituído só por uma ação, mas, se consumado, também por um resultado.

4. *Error in objecto* e *aberratio ictus*

Um resultado só pode ser imputado ao autor como realização de seu dolo, se todos os elementos que fundamentam o dolo no caso concreto reaparecem no tipo objetivo, em especial no curso causal que leva ao resultado. Este é o significado da expressão de que o perigo doloso se realizou no resultado. A imputação do resultado ao dolo não pode depender de uma correspondência entre a realidade e representações do autor não-constitutivas do dolo, que, portanto, não são necessárias para que o dolo esteja presente. Doutro modo, concede-se

que também nestes casos o perigo dolosamente criado pelo autor se realizou no resultado, pois o terceiro só se decidiu a praticar a sua ação de homicídio, porque, em razão dos atos do primeiro autor, tinha a vítima já por morta ou por mortalmente ferida, *Puppe* AT/1, 20/20 s.

35. NK-*Puppe* Vor § 52 nm. 25 ss., § 52 nm. 18 ff; *Idem,* JR 1996, 513 (514); *Idem,* Mangakis-FS (1999), 225 (232 f).

36. BGHSt 25, 290 (292); 30, 28 (31); 31, 163 (165); 40, 73; BGH NStZ 1994, 496; 1995, 37; 2007, 101; 279; NStZ-RR 2007, 58; StV 1994, 658 (659).

ao autor a competência de delimitar de modo mais ou menos extenso o círculo de resultados possíveis a ele imputáveis, bastando que ele se represente ou não algo desnecessário para o dolo. Esta competência não incumbe ao autor, mas tão somente ao direito.[37] Demonstremo-lo com base no caso do erro sobre propriedades ou sobre a identidade do objeto da ação, isto é, do chamado *error in objecto*.

Ilustremos esse erro da como normalmente se faz. O autor que quer matar uma pessoa determinada, por exemplo, seu credor, seu rival ou seu inimigo, vê aproximar-se uma pessoa, que ele erroneamente crê ser a vítima escolhida e, portanto, acaba por matar. Ainda que o autor não aceite um tal resultado como realização de seu dolo, o resultado acaba sendo-lhe imputado como tal. A razão é que a individualização da vítima realizada pelo autor – credor, rival ou inimigo, ou mesmo uma pessoa de determinado nome – é uma circunstância supérflua para o dolo. O autor agiria com dolo, ainda que lhe fosse indiferente que pessoa ele está atingindo. Ninguém duvidaria da realização do dolo de um terrorista que põe um carro-bomba no centro da cidade e com isso mata alguns transeuntes que, de sua perspectiva, não são individualizáveis. Por isso é que a restrição da vontade do autor a determinadas pessoas, pouco importa quão decisiva essa restrição seja para a realização de seu plano, não chega a ser uma razão para deixar de imputar a seu dolo o resultado que ocorre a uma outra pessoa.[38]

Uma vez que a individualização do objeto da ação não é um componente necessário do dolo, a teoria da chamada *aberratio ictus* viola o princípio de que a imputação do resultado não pode depender da estar correta ou não uma representação do autor que é desnecessária para que se configure o dolo.[39] Segundo essa teoria, o resultado não se imputa mais ao dolo do autor, se a falta de identidade entre a vítima real e a escolhida pelo autor tem a sua razão no fato de que o autor mira na última, mas atinge a primeira. Como fundamento alega-se

37. *Puppe* GA 1981, 1 (10) = Analyse (2006), 355 s. (367); *Idem,* Vorsatz und Zurechnung (1992), 9 ss.; *Idem,* NK § 16 nm. 73.

38. *Baumann/Weber/Mitsch* AT 21/11; *Kühl* AT 12/23; *Puppe* AT/1 20/23 s.; *Roxin* AT/1 12/193 ss.; *Stratenwerth* AT 8/97; *Kuhlen* (1987), 480; LK-*Vogel* § 16 nm. 74.

39. *Puppe* GA 1981, 1 (10) = Analysen (2006), 355 (367); *Idem,* Vorsatz und Zurechnung (1992), 10 ss.; *Idem,* NK § 16 nm. 102.

que o autor "queria matar apenas A, e não B".[40] Mas esta descrição de um desvio entre resultado e representação do autor também valeria para qualquer caso de error in objecto. Quem atira num desconhecido, porque o crê seu rival, credor ou inimigo, quer matar uma pessoa totalmente diversa, a saber o inimigo, e não o estranho. O que importa é apenas de que maneira preenchemos as letras esquemáticas A e B. Quanto a isso, impera insuperável desarmonia entre os defensores da teoria da relevância da *aberratio ictus*.[41] Harmonia existe unicamente no que se refere a um aspecto: segundo a doutrina dominante da *aberratio ictus*, ver a vítima almejada prevalece sobre qualquer outra individualização.[42] Mas o fato é que, já com essa única individualização, abandona-se o princípio da teoria da irrelevância do error in objecto. Entre os defensores da doutrina dominante da *aberratio ictus* há também insuperável controvérsia a respeito de quando existe um error in objecto, quando uma *aberratio*, nos casos em que autor e vítima não se encontram cara a cara. Os casos controvertidos podem ser assim sintetizados: o autor instala uma armadilha, que deve ser acionada por uma vítima determinada, mas outra vítima acaba por

40. Schönke/Schröder-*Cramer/Sternberg-Lieben* § 15 nm. 57; *Lackner/ Kühl* § 15 nm. 12; SK-*Rudolphi* nm. 33; *Hruschka* AT, p. 8; *Jescheck/Weigend* AT 29 V 6 c; *Otto* AT 7/95; *Jakobs* AT 8/80; *Streng* JuS 1991, 910, (911); *Bemmann* Stree/Wessels-FS (1993), 392 (400); *Toepel* Jahrbuch für Recht und Ethik (1994), 413 (414 ss.).

41. Segundo *Prittwitz* (GA 1983, 110 [128]), pode tratar-se apenas de um objeto visualmente percebido e almejado durante a comissão do fato. Já *Herzberg* (JA 1981, 470 [472 s.]) se contenta com qualquer percepção sensorial, por exemplo, também a acústica, enquanto para outros (*Roxin* AT/1 12/195; *Frisch* [1988], 594; *Rath* [1993], 253; *Toepel* Jahrbuch für Recht und Ethik [1994], 413 [421]; *Schlehofer* [1996], 18) o decisivo é apenas a individualização com base em parâmetros de tempo e lugar. Segundo *Stratenwerth* (Baumann-FS [1992], 57 [61]), o objeto é aquele "para o qual o fato está programado". *Stratenwerth* entende por programação a tomada de determinadas medidas, pelo autor consideradas suficientes, para que apenas o objeto individualizado por essas medidas seja atingido. Se essas medidas suficientes falharem no caso concreto, não deve o resultado ser imputado ao dolo do autor.

42. *Roxin* AT/1 12/196.

fazê-lo. Aqui falam alguns de uma *aberratio ictus* relevante,[43] outros de um irrelevante error in objecto.[44]

O fundamento teórico da irrelevância da *aberratio ictus*, em contraposição ao error in objecto, leva-nos ao problema de que cuida a filosofia da linguagem, da relação entre conceito e realidade. Este fundamento está em supor que a realidade, que é objeto do dolo, não é o apenas fato de que o tipo está preenchido, mas é constituído por "dados concretos da vida" ("*Lebenskonkreta*"), que posteriormente devem ser subsumidos ao tipo. O fato de que o autor mate uma pessoa que individualizou por meio de sua percepção é um tal dado concreto da vida, e a representação do autor tem de corresponder à realidade também no que se refere a esse dado concreto.[45] Desta forma, fundamenta *Silva Sánchez* a relevância da *aberratio ictus* alegando que "o bem jurídico configura em seu valor funcional para o direito uma realidade empírica concreta, e não apenas um valor abstrato",[46] e *Frisch* diz que aquilo que deve ser protegido pelo direito penal é "primariamente, não um valor ideal, e sim a corporificação concreta desse valor numa pessoa".[47] Se eu verifico que o autor matou uma pessoa e também a queria matar, estou falando de fatos e não de "valores abstratos".

Mas estes fatos não são concretos o suficiente para os defensores da teoria da *aberratio ictus*, pois eles reconhecem como descrição de um "dado concreto da vítima" apenas uma proposição, que determina já por completo o indivíduo que nela é mencionado.

43. *Herzberg* NStZ 1999, 217 (221); *Roxin* Spendel-FS (1992), 289 (294 s.); também LK-*Vogel* Rn 87, que, apoiando-se no critério de *Roxin*, da realização do plano, só imputa se o autor também tivesse atuado, caso ele soubesse que uma outra pessoa entraria na armadilha. Por que não faz *Vogel* a mesma exigência no *error in persona*? (s. LK § 16 nm. 76).

44. BGH NStZ 1998, 294 (293); *Prittwitz* GA 1983, 110 (128); *Stratenwerth* Baumann-FS (1992), 57 (61); *Stratenwerth/Kuhlen* AT 8/97; *Roxin* AT/1 12/197

45. NK Vogel § 15 nm. 25 ss.; Schönke/Schröder-*Cramer/Sternberg-Lieben* § 15 nm. 57; *Hruschka* AT, p. 8; *Idem*, JZ 1991, 488 (492); *Hettinger* GA 1990, 531 (549); *Mitsch* Jura 1991, 910 (911); *Jescheck/Weigend* AT 29 V 6 c; *Jakobs* AT 8/81; *Otto* AT 7/94 ss. Crítica em NK-*Puppe* § 16 nm. 32 ss.

46. ZStW 101 (1989), 352 (374).

47. Tatbestandsmäßiges Verhalten und Zurechnung des Erfolges (1988), 599; a respeito NK-*Puppe* § 16 nm. 32 ss.

Essa proposição não decorre de qualquer descrição do indivíduo, e sim de uma percepção visual pelo autor no momento do fato. O autor aponta, de certa forma, para a vítima no momento do fato e diz "é ela que eu quero matar". Esta "concretização do dolo" limita o círculo dos resultados que poderiam ser vistos como realização do dolo a um único dentre eles. O objeto do dolo deveria ser um tal dado concreto da vida, não o fato de que o autor realizou o tipo de uma lei penal. Se fossem consequentes, os defensores desta teoria teriam de negar o dolo, se ele não contém uma individualização da vítima, por exemplo, o dolo de um terrorista, que quer matar um número indeterminado de pessoas por meio de um carro-bomba. Ninguém defende, contudo, uma tal conclusão. A individualização do objeto do fato não é, assim, componente necessário do dolo. Além disso, seria uma consequência lógica dessa argumentação que também o error in objeto do autor excluísse a imputação do resultado ao dolo, uma vez que o autor individualiza um objeto diverso daquele que ele realmente acaba por atingir. Mirar ou apontar para o objeto não são, obviamente, a única maneira de individualizar um objeto concreto. É inegável que o plano do autor que, por confundir-se, atinge o objeto errado, referia-se a uma pessoa concreta completamente diversa da que realmente foi lesionada. A insuperável controvérsia a respeito da questão de quando há um error in objecto, quando uma *aberratio ictus*, tem por objeto a questão de qual individualização do objeto é decisiva e qual não, quando autor e vítima não se encontram face a face.[48] Esta controvérsia demonstra que há diversas possibilidades de individualizar um objeto, e que nenhuma delas nos é pré-dada já pela natureza, como "dado concreto da vida".[49] Não é a "vida", e sim a lei quem tem de decidir de que maneira a representação do autor tem de coincidir com a realidade, para que a realidade possa ser tida como

48. Enquanto uma opinião (*Prittwitz* GA 1983, 110, [128]; *Stratenwerth* Baumann-FS [1992], 57 [61]; *Jakobs* AT 8/81) crê excluída a *aberratio ictus*, também quando o objeto atingido não corresponde aos planos do autor, uma outra opinião faz desaparecer a imputação ao dolo justamente nos casos em que o objeto lesionado não se harmonize com o plano do autor (*Roxin* AT/1 12/165 s.; *Idem*, Spendel-FS [1992], 289 [294 s.]; *Herzberg* JA 1981, 470 [473]).

49. *Puppe* GA 1981, 1 (12 s.); *Idem*, Vorsatz und Zurechnung (1992), 12 ss.; *Idem*, NK § 16 nm. 37, 99.

algo dolosamente configurado pelo autor e, portanto, imputável a seu dolo.[50]

Comumente se objeta aos críticos da teoria da *aberratio ictus* que eles estariam atribuindo, ao autor um chamado dolo geral[51] ou mesmo um dolo de lesionar o objeto verdadeiramente atingido,[52] e que isso seria uma ficção. A última alegação é um exemplo clássico de uma *petito principii*. Os críticos da teoria da *aberratio ictus* contradiriam a sua própria teoria, se fossem fingir um dolo do autor "concretizado" em relação ao objeto atingido,[53] pois segundo eles nem a correção de uma tal individualização, nem a sua existência importam para a imputação ao dolo. A objeção de que se teria uma ficção somente é correta, se for pressuposta a tese objeto a ser demonstrada, a da relevância da concretização do dolo.[54] Também a objeção de que os críticos da teoria da *aberratio ictus* atribuem ao autor um chamado dolo geral é ilógica. Tal é desnecessário, porque em todo dolo de qualquer maneira concretizado em relação a um indivíduo está logicamente implicada a referência ao gênero.[55]

Apesar de que, ainda assim, alguns adeptos da teoria da *aberratio ictus* concedem a superioridade lógica dos críticos,[56] insistem eles nesta teoria, reportando-se à "solução intuitivamente reconhecida como correta",[57] a uma "valoração pré-jurídico-penal"[58] ou ao "protesto do sentimento jurídico".[59] O que se encontra, porém, por trás dessa intuição, qual o conteúdo da valoração pré-jurídico-penal e por que o sentimento jurídico protesta, em tais casos, contra a imputação do resultado, esclarecer este problema não é mais tido como necessário. Eu tentei fazê-lo. A conclusão foi de que há determinados casos

50. NK-*Puppe* § 16 nm. 36 ss., nm. 74, nm. 96.

51. LK-*Vogel* § 16 nm. 27; *Kühl* AT 13/33; cf. *Baumann/Weber/Mitsch* AT 21/14; *Jescheck/Weigend*; SK-*Rudolphi* § 16 nm. 33.

52. *Koriath* JuS 1997, 901 (902).

53. *Puppe* JuS 1998, 287 s.; *Idem,* Kleine Schule des juristischen Denkens (2008), 111 s.

54. *Puppe* Kleine Schule des juristischen Denkens (2008), p. 112; *Idem,* JuS 1998, 287 s.

55. *Puppe* GA 1981, 1 (11); *Idem,* Vorsatz und Zurechnung (1992), 16.

56. *Hettinger* GA 1990, 531 (540); *Prittwitz* GA 1983, 110 (123).

57. *Schreiber* JuS 1985, 873 (875).

58. *Herzberg* JA 1981, 369 (374).

59. *Schlehofer* Vorsatz und Tatabweichung (1996), p. 17.

em que o autor mira em determinado objeto e acerta outro nos quais a solução da teoria da *aberratio ictus* – tentativa em concurso ideal com consumação negligente – é de fato correta, por razões, contudo, que nada têm o que ver com dados concretos da vida a serem subsumidos sob o tipo, nem tampouco com a proposição "o autor queria matar A, e não B", nem com os desejos e intenções extra-típicos do autor. Quem dispara de modo direcionado a uma pessoa determinada, cria um perigo mais intenso de que uma pessoa qualquer seja lesionada, do que aquele que, num local onde se encontram ou podem encontrar-se pessoas, dispara sem direção. No caso do disparo direcionado, o perigo de uma lesão é grande o suficiente para fundamentar o dolo. O fato de que esse perigo exista somente para uma pessoa concretizada pelo ato de mirar em nada acrescenta a esta idéia. Se o autor mira em uma pessoa determinada, mas acaba, por um ricochete, acertando uma outra, que se encontra distante do objeto almejado, então o que se realizou no resultado foi apenas o perigo de atirar em locais não permitidos, não o perigo de atirar direcionadamente numa pessoa determinada. Para explicar o curso causal real e o resultado ocorrido, não se precisa do fato de que o autor mirou numa outra pessoa, ou de que ali para onde ele voltara sua arma se encontrava uma outra pessoa, mas apenas o fato de que o autor disparou um tiro num local onde se encontravam pessoas. Tal fundamenta, contudo, apenas um perigo negligente, e é só este perigo que se realizou no resultado.[60] Assim se explica também o concurso ideal entre consumação negligente e tentativa dolosa do mesmo tipo objetivo. Somente se pode chegar a esta conclusão se impusermos exigências mais severas ao perigo que fundamenta o dolo do que ao que fundamenta a negligência.

A fundamentação desta conclusão nada tem o que ver com quaisquer dados concretos da vida, que tenham de ser subsumidos ao tipo, ou com o fato de que o autor quer matar A, e não B, ou de que o resultado não satisfaça a seus desejos e intenções. Ela não vale, tampouco, para todos os casos de *aberratio ictus*, pois também numa *aberratio ictus* pode o perigo doloso realizar-se no resultado que ocorra sobre o objeto atingido. Isso é demonstrado pelo seguinte contra-exemplo: um terrorista mira num político que se move numa

60. Mais detalhes *Puppe* Vorsatz und Zurechnung (1992), 49 s.; *Idem,* AT/1 20/44.

multidão ou num carro lotado, e em vez de atingir seu alvo, atinge o vizinho mais próximo. Aqui cria o autor um grande perigo de lesão para todas as pessoas que se encontram na proximidade imediata da vítima almejada. O resultado ocorrido no vizinho não almejado deve, portanto, ser imputado ao dolo agente, ainda que ele não tenha querido matar o vizinho, e sim apenas o político.[61] A doutrina dominante recorrerá ao dolo eventual do agente, dolo esse que estaria "concretizado" em relação a todas as pessoas que estão em volta da vítima almejada.[62] Mas e se o autor confiar na precisão de sua mira? Além disso, mencione-se que há casos em que a *aberratio ictus* exclui não apenas a imputação ao dolo, mas também à negligência. Suponhamos que nosso terrorista mire em sua vítima num um local solitário, onde normalmente não há pessoas, razão pela qual ali é permitido atirar sem direção, e venha a atingir uma pessoa que para ele não era visível, por exemplo, por encontrar-se escondida atrás de um arbusto ou de uma pedra. Tampouco aqui se necessita do fato de que a vítima escolhida pelo autor se encontrava neste local solitário para explicar o curso causal verdadeiro, mas apenas do fato de que o autor efetuou um disparo num local em que disparar era permitido. O resultado na pessoa invisível não pode ser imputado nem ao dolo, nem à negligência do autor.

Nos casos em que os adeptos da figura da *aberratio ictus* se controvertem quanto a se existe uma *aberratio ictus* ou um error in objecto, porque o autor não mira em sua vítima, mas lhe prepara uma armadilha, que acaba operando sobre a pessoa errada, inexiste qualquer justificativa para diferenciar entre o perigo para a pessoa que o autor considera correta e o perigo para outras vítimas. Por isso é também irrelevante se o autor podia prever que a pessoa errada cairia na armadilha. A imputação do resultado ao dolo, seja o resultado o ocorrido na vítima que o autor considera correta, seja o na vítima errada, depende unicamente de se a sua armadilha já representa um perigo doloso de que uma vítima qualquer nela caia.[63] Ainda assim, a discussão sobre se nestes casos não há mesmo uma *aberratio ictus* e sobre as exigências de individualização da vítima necessárias

61. *Puppe* Vorsatz und Zurechnung (1992), 50; *Idem,* AT/1 20/45.
62. LK Vogel § 16 nm. 79; Roxin AT/1, 12/164; BGHSt 34, 53 (55).
63. *Puppe* Vorsatz und Zurechnung (1992), 51 ss.; *Idem,* AT/1 20/35 ss.

para tanto não desaparecerá na literatura alemã. Isso significaria que escorreu desnecessariamente muito suor de nobres, que muitos artigos e monografias viraram papel velho e, principalmente, que se privou ao ensino jurídico um dos problemas de prova preferidos.

5. Conclusão

A decisão da pergunta quanto a se um erro do autor sobre o curso causal verdadeiramente ocorrido impede ou não a imputação do resultado ao dolo permanecerá incerta, instável e arbitrária, enquanto nos concentrarmos naqueles fatos em relação aos quais o curso causal real se diferencia do curso causal suposto pelo autor, no intuito de responder à questão da "essencialidade" ou não do desvio causal. Só chegaremos a bases sólidas, se nos concentrarmos naqueles fatos em relação aos quais a representação do autor coincide com a realidade, em busca de uma resposta à questão de se estes fatos são suficientes para fundamentar um perigo doloso, ou somente para fundamentar um perigo negligente. Neste segundo caso tem-se um chamado desvio essencial no curso causal, com a consequência de que o autor, por meio de uma única ação, a um tempo provoca negligentemente e tenta provocar dolosamente um mesmo resultado. Esta conclusão só é possível se formularmos exigências mais severas à intensidade do perigo que fundamenta o dolo, do que à do perigo que fundamenta a negligência. Afinal, a ulterior representação de que a ocorrência do resultado é algo possível está presente no autor que o tenta causar dolosamente. O fato de que a teoria dominante sequer considere possível uma tal conclusão significa o reconhecimento implícito deste postulado. Se é não razoável exigir para o dolo um chamado elemento volitivo, que a rigor não é uma verdadeira vontade, mas uma assunção, uma aprovação, uma aceitação do resultado, será deixado aqui em aberto.[64] Exigindo-se ou não um tal elemento volitivo, de qualquer maneira tem-se de exigir para o dolo a representação de um perigo mais intenso do que para a negligência (consciente).

64. A respeito *Puppe* ZStW 103 (1991), 1 ss. = Analysen (2006), 227 ss.; *Idem,* NK § 15 nm. 31 ss.